«Siendo un cristiano nu[evo], los tres pequeños libros de John Stott sobre la e[vangelización me] cambiaron la vida. Matt [Smethurst ha escrito un libro] breve sobre el mismo tema que es igual de bueno que aquellos viejos ensayos, pero más actualizado, por supuesto. Léelo. ¡Podría cambiarte la vida!».

**Timothy Keller**, fundador y director de Redeemer City to City

«Matt Smethurst le ha dado al pueblo de Dios un recurso inmensamente valioso: algo para ayudarnos a prepararnos para la evangelización. Aborda temas que se suelen pasar por alto y se dan por sentado en la capacitación para evangelizar. Y lo hace con una prosa excelente y gracia del evangelio».

**Randy Newman**, profesor sénior de apologética y evangelización, The C. S. Lewis Institute; autor de *Questioning Evangelism* [Cuestionar la evangelización]

«En la evangelización, saltar al "cómo" es la norma. Sin embargo, Matt Smethurst nos prepara para el salto al desarrollar por qué deberíamos saltar en primer lugar… y es fabulosamente útil en todo sentido. Este libro alinea tu corazón para responder a los "porqués" de la evangelización, para luego darte un empujoncito y que te involucres para la gloria de Dios».

**Shelby Abbott**, ministra en campus, Cru; anfitriona del *podcast*/radio de FamilyLife; autora

«Matt Smethurst ha escrito un libro útil para la gran mayoría de nosotros: aquellos que quieren compartir su fe pero que todavía no han llegado ahí. Nos da una visión del evangelio que proclamamos, de los obstáculos que encontraremos en el camino y del Dios que los supera. Estoy feliz de recomendar este recurso útil a líderes de ministerios y cualquiera que esté buscando emprender la obra que Dios le ha dado a la Iglesia».

**Derek Rishmawy**, ministro en campus, Reformed University Fellowship; coanfitrión del *podcast Mere Fidelity*

«Pocas personas pueden escribir un libro cálido y saleroso sobre la evangelización y aún así mantener la fidelidad bíblica, pero Matt Smethurst lo ha logrado. Matt es un jugador-entrenador que camina a nuestro lado, esboza los componentes fundamentales para compartir nuestra fe y nunca olvida que la evangelización es parte de la vida de todo creyente fiel. Este libro instruirá a los intrépidos y vigorizará a los temerosos».

**J. Mack Stiles**, director, Messenger Ministries; autor de *La evangelización* y *Marks of the Messenger* [Marcas del Mensajero]

«Lleno de sabiduría pastoral, claridad teológica y un celo que contagia tanto por Cristo como por los perdidos. No se me ocurre un mejor aliento breve hacia la evangelización. Léelo con amigos, ¡y comienza a compartir!».

**Glen Scrivener**, evangelista y autor

«A todo cristiano le encantaría hablarles a sus amigos de Jesús. Entonces, ¿por qué no lo hacemos más a menudo? Sin duda, no es por falta de oportunidades. ¿Y si los obstáculos no son tanto lo que hay afuera sino lo que hay adentro? El libro de Matt Smethurst quitará los obstáculos y te motivará a compartir tu fe... ¡tal como lo promete el título! Será transformador para ti y para los amigos a los cuales les hables de Jesús».

**Sam Chan**, City Bible Forum, Australia; autor de *Evangelism in a Skeptical World* [La evangelización en un mundo escéptico] y *How To Talk about Jesus* [Cómo hablar sobre Jesús]

«¡Este es un libro encantador sobre evangelización! Matt Smethurst se concentra en el tema crucial de cómo prepararse para testificar, antes de que llegue la oportunidad. Su estilo de escritura es claro, conciso, convincente y perspicaz. Es una contribución importante a un tema de suma importancia».

**Rebecca Manley Pippert**, autora de *Fuera del salero para servir al mundo* y *Sal*

«La gente suele complicar demasiado las cosas. Podemos estar tan ocupados buscando el plan de estudio bíblico perfecto que olvidamos estudiar nuestras Biblias. Formamos caminos de discipulado bienintencionados que se parecen más a un laberinto que a un mapa. Por eso me encanta este libro de Matt Smethurst. No esquiva los desafíos que enfrentamos, pero hace algo que muchos libros sobre evangelización no hacen: muestra la simpleza y la maravilla del evangelio. Matt da un paso atrás para explicar cómo cualquier creyente puede estar preparado para compartir esta buena noticia con extraños y amigos. Léelo y ponlo en práctica. Es así de simple».

**Ed Stetzer**, director ejecutivo, Wheaton College Billy Graham Center, además de decano en su School of Mission, Ministry, and Leadership

«Debo confesar que a veces no comparto mi fe cuando debería. Pero este libro no está diseñado para hacerme sentir avergonzado (no necesito ayuda en eso), sino para ayudarme a mejorar. Si eres un cristiano que nunca vacila en este frente, no te molestes en leer este libro; no lo necesitas. De lo contrario, léelo con reflexión y gratitud».

**D. A. Carson**, cofundador y teólogo en lo general de Coalición por el Evangelio; profesor emérito de Nuevo Testamento, Trinity Evangelical Divinity School

# ANTES DE COMPARTIR TU FE

# ANTES DE COMPARTIR TU FE

Cinco formas de estar listo para evangelizar

# MATT SMETHURST

Antes de compartir tu fe: Cinco formas de estar listo para evangelizar

Copyright © 2023 por Matt Smethurst
Todos los derechos reservados.
Derechos internacionales registrados.

B&H Publishing Group
Brentwood, TN 37027

Diseño de portada: Matt Lehman

Clasificación Decimal Dewey: 248.5

Clasifíquese: TRABAJO EVANGELÍSTICO \ TESTIMONIO \ EVANGELIO

Ninguna parte de esta publicación puede ser reproducida ni distribuida de manera alguna ni por ningún medio electrónico o mecánico, incluidos el fotocopiado, la grabación y cualquier otro sistema de archivo y recuperación de datos, sin el consentimiento escrito del autor.

A menos que se indique de otra manera, las citas bíblicas marcadas NBLA se tomaron de la Nueva Biblia de las Américas (NBLA), Copyright © 2005 por The Lockman Foundation. Usadas con permiso.

Las citas bíblicas marcadas RVR1960 se tomaron de la versión *Reina-Valera 1960* ® © 1960 por Sociedades Bíblicas en América Latina; © renovado 1988 Sociedades Bíblicas Unidas. Usadas con permiso. *Reina-Valera 1960* ® es una marca registrada de las Sociedades Bíblicas Unidas y puede ser usada solo bajo licencia.

Las citas bíblicas marcadas NVI se tomaron de La Santa Biblia, Nueva Versión Internacional ® © 1999 por Biblica, Inc. ®. Usadas con permiso. Todos los derechos reservados.

ISBN: 978-1-0877-6886-1

Impreso en EE. UU.
1 2 3 4 5 * 26 25 24 23

*Para Dan Flynn, quien era alguien centrado en el evangelio antes de que eso se pusiera de moda, y quien le mostró a un jovencito universitario que hablar de Cristo es el privilegio más emocionante de la tierra.*

# CONTENIDO

Prefacio a la serie .......................... 13

Introducción:
No es el típico libro sobre evangelización ....... 15

1. Entiende el evangelio ...................... 17

2. Examina tu contexto...................... 31

3. Ama al perdido........................... 45

4. Enfrenta tu miedo......................... 57

5. Empieza a hablar ......................... 69

Conclusión: La motivación más alta............ 85

Apéndice: Doce versículos para combatir
el miedo................................... 91

Recursos recomendados ...................... 95

Notas....................................... 99

# Prefacio a la serie

**Leer no tiene que ser difícil,** ni mucho menos aburrido. El libro que tienes en tus manos pertenece a una serie de *Lectura fácil*, la cual tiene el propósito de presentar títulos cortos, sencillos, pero con aplicación profunda al corazón.La serie *Lectura fácil* es una introducción a temas a los que todo ser humano se enfrenta en la vida: gozo, pérdidas, fe, ansiedad, dolor, oración y muchos más.

Este libro lo puedes leer en unas cuantas horas, entre descansos en tu trabajo, mientras el bebé toma su siesta vespertina o en la sala de espera. Este libro te abre las puertas al mundo infinito de la literatura, y aún más, a temas de los cuáles Dios ha escrito ya en Su infinita sabiduría. Los autores de estos libros te apuntarán hacia la fuente de toda sabiduría: la Palabra de Dios.

Mi oración es que este pequeño libro haga un gran cambio en tu vida y que puedas regalarlo a otros que van por tu misma senda.

Gracia y paz,

**Giancarlo Montemayor**
*Director editorial, Broadman &Holman*

# Introducción

## *No es el típico libro sobre evangelización*

**Tengo una relación de** amor y odio con los libros sobre evangelización.

Por un lado, me han ayudado muchísimo. Sin duda, no es ninguna coincidencia que en las temporadas de la vida en las que he sido más deliberado en cuanto a hablar de Cristo a otros, un buen libro sobre el tema me ha vigorizado. Y viceversa: en las temporadas más letárgicas, suele ser el caso que no he meditado en el tema durante un tiempo.

Verás, soy bastante hábil para evitar las cosas que me hacen bien. El ejercicio, el kale o col rizada... los libros sobre este tema. (Ahora que lo pienso, los libros sobre la evangelización a veces tienen sabor a kale).

Sin embargo, la principal razón por la que estoy tentado a evitar los libros sobre evangelización es que reavivan algo que preferiría mantener reprimido: una leve culpa, que zumba debajo de la superficie y susurra: *Matt, eres un evangelista pésimo e inconsistente.*

¡Y aquí estoy escribiendo un libro sobre el tema! ¡Qué descaro! No obstante, no es lo que estoy haciendo. En realidad, estoy haciendo algo un tanto diferente.

Este no es un manual de consejos de evangelismo de *ju-jitsu*. Le dejaré eso a voces más capaces. Este volumen trata sobre prepararse para abrir la boca. Se trata de la preparación para la conversación.

## Antes de compartir tu fe

En un libro anterior, *Antes de abrir tu Biblia*,[1] hice la observación de que la forma en que enfocamos las cosas es muy importante. El mundo del deporte es un ejemplo obvio y una analogía general de la vida. Tanto si hablamos de un jugador de fútbol durante el calentamiento como de un corredor en la línea de salida, el enfoque sencillo de un atleta puede marcar la diferencia. Muchos libros sobre evangelización (incluso algunos excelentes) empiezan demasiado río abajo para mi gusto. Yo necesito ayuda más arriba y más atrás, porque a menudo me atasco en la orilla, inseguro e inmóvil, renuente a zambullirme.

A veces, el problema es la inercia que viene con sentirse fuera de práctica... y la culpa que mencioné anteriormente, o al menos, la falta de confianza que acompaña esa sensación. Otras veces, es la simple y antigua presencia del miedo, o quizás de manera más precisa, la ausencia de amor. Mi visión de Dios puede encogerse tanto que hace que los seres humanos se vean inflados e intimidantes.[2]

No sé por qué tomaste este libro, o si acaso lo hiciste. (Tal vez alguien lo empujó hacia tus manos desprevenidas). Pero más allá de cuál sea tu razón para leerlo, aquí estamos, explorando juntos la evangelización. Mi esperanza es que el Espíritu Santo use estas páginas para preparar tu mente y energizar tu corazón, de manera que puedas jactarte con gozo y expectativa sobre Aquel que te cambió la vida.

No hay nada de lo que valga más la pena hablar. Y nada de lo que sea más fácil guardar silencio.

¿El remedio para este dilema espiritual? Creo que puede estar escondido en lo que sucede *antes de compartir nuestra fe*.

# 1

# Entiende el evangelio

**Entre los preludios para** compartir tu fe que te recomiendo, este es el primero en la lista. ¿Por qué? Porque sin él, no hay lista. No se puede evangelizar si no se entiende el *evangelio,* la buena noticia del cristianismo.

Seamos sinceros: la palabra «evangelio» se menciona mucho en las conversaciones cristianas de hoy en día; tanto es así que su significado ponderoso puede perderse, o al menos, sofocarse. Para entender la buena noticia del evangelio, entonces, debemos internalizar la trascendencia de esa palabra, «noticia». Después de todo, esto es lo que separa al cristianismo de todas las demás religiones. El cristianismo no es fundamentalmente un código de ética, o un buen *consejo*. Es, por encima de todo, un anuncio o una buena *noticia.*

No hace falta que vayas al seminario para entender el evangelio. No hace falta que estés en el ministerio para entender el evangelio. Ni siquiera hace falta que hayas sido un líder cristiano por cinco minutos para entender el evangelio lo suficientemente bien como para comunicárselo a otros.

Lo único que necesitas entender es que, hace 2000 años, hubo una invasión. El cielo vino a la tierra en la persona de Jesús, y Él inauguró un nuevo reino.[3] Durante treinta y tres años vivió una vida de fidelidad inquebrantable y perfecta para Dios el Padre. En otras palabras, vivió la vida que, por más que intentemos, no podemos vivir. Y como nos ama, murió la muerte que nosotros merecíamos morir. Como creyente en Jesús, puedo saber que, en la cruz, lo trataron como si hubiera llevado una vida pecaminosa, para que yo pudiera ser tratado como si hubiera llevado Su vida justa.

Y después, Jesús fue sepultado. Hasta que ya no lo fue... porque tres días más tarde, se levantó y salió de la tumba. Ahora, cualquiera que se vuelve de su rebelión (ya sea de la variedad directamente malvada o sutilmente «religiosa») y confía en Jesús, se une a Él en esta vida y en la próxima. Los creyentes un día serán resucitados en nuevos cuerpos preparados para una tierra nueva y resucitada. Entraremos al gozo de nuestro Señor trino (Padre, Hijo y Espíritu Santo) y reinaremos bajo Él como reyes y reinas del universo, para siempre.

En una era de escepticismo, esto puede sonar descabellado, como un cuento de hadas para niños ingenuos. *Demasiado bueno para ser cierto*. Pero esta noticia es absolutamente cierta. Tan solo no es merecida; por cierto, no es justa. Como una canción lo expresa: «¿Por qué yo debería ganar de Su recompensa? No puedo dar una respuesta».[4]

Pero la misericordia nunca es justa. Por eso se llama misericordia.

## UN EVANGELIO, DOS ÁNGULOS

Vivo en Richmond, Virginia, en Estados Unidos, y hay algunas cosas sobre mi ciudad (el tamaño, la densidad de la población, etc.) que puedo aprender mejor desde el punto de vista estratégico de un avión. Sin embargo, hay muchas otras cosas que puedo aprender mejor mientras camino por sus calles. Ambas perspectivas son útiles, incluso necesarias, para entender a Richmond. Una vista a nivel de la calle sin una perspectiva aérea en la cual enmarcarla, o una vista aérea sin una perspectiva a nivel de la calle que la rellene, producirá inevitablemente un marco truncado de referencia. Claro, estamos hablando solo de geografía (la historia y la cultura de Richmond, por ejemplo, debe aprenderse por otros medios), pero si no vemos la ciudad desde distintos ángulos, creamos una visión unidimensional y distorsionada. Ni hablar de la apreciación empobrecida de la zona en toda su plenitud.

De manera similar, el evangelio se puede observar provechosamente desde dos puntos de vista estratégicos y bíblicos: «desde el aire» y «en el terreno».[5] Así como no hay dos ciudades capitales en Virginia, tampoco hay dos evangelios. Hay uno solo, del cual podemos maravillarnos desde dos ángulos.

El evangelio «desde el aire» es la historia arrolladora, desde Génesis hasta Apocalipsis, que puede resumirse con unos pocos puntos de la trama (por ejemplo: creación, caída, redención y nueva creación). El evangelio «en el terreno», por otro lado, desarrolla cómo este relato épico se transforma en una buena noticia para los pecadores como nosotros (por ejemplo, al mirar a Dios, la humanidad, a Cristo y nuestra respuesta).

Al empezar este capítulo, ofrecí un breve resumen de la historia del evangelio. Pero podemos desarrollarla aún más. Tal vez una manera de sintetizar la *mejor* de estas perspectivas complementarias (tanto «desde el aire» como «en el terreno»; tanto con un «lente gran angular» como con un «lente de *zoom*») es considerar la historia del evangelio en cuatro movimientos: el Rey, la Rebelión, el Rescate y la Respuesta. Espero que esta zambullida más profunda provea un rico contexto desde el cual compartir tu fe.

## EL REY

«En el principio Dios...» (Gén. 1:1). La Biblia comienza con la afirmación más básica de la historia sobre la realidad.

Dios creó, sustenta y gobierna sobre todo lo que existe. Contrario a los conceptos culturales erróneos, no es Papá Noel en el cielo, ni una máquina expendedora cósmica, ni un sargento irritable, ni un papá negligente. Es el Rey de la gloria y el Señor de amor. Es más, es una comunidad eterna de personas, un *Padre* que ama a su *Hijo* en el gozo del *Espíritu Santo*. Y como este Dios amoroso y lleno de gozo es trino (un Dios que existe eternamente en tres personas), el amor está en el centro del universo.[6]

Este Dios trino hizo a la humanidad (a ti y a mí) a Su imagen para que conociera y disfrutara Su amor. Así que fuimos hechos *por* Dios (lo que significa que solo le pertenecemos a Él) y *para* Dios (lo que significa que solo Él nos satisface). Los seres humanos fueron diseñados específicamente para encontrar significado y satisfacción en la vida de nuestro Creador por encima de todo lo demás; por encima del éxito, de la popularidad, de la recreación, del romance y de *uno mismo*.

Ahora, ¿es esa la historia de tu vida: estar absolutamente satisfecho en tu Hacedor y atesorarlo por encima de todo lo demás? Sin duda, no es la historia de la mía.

¿Qué pasó?

## LA REBELIÓN

Buscamos amor en todos los lugares equivocados, porque algo ha salido terriblemente mal en nuestro corazón. Esto se hace eco de lo que pasó cuando nuestros primeros padres, Adán y Eva, le dieron la espalda a Dios y decidieron tomar la sartén por el mango, fracturando Su creación y lanzando a Sus portadores de imagen directo a un océano de pecado. En lugar de vivir para nuestro Hacedor, vivimos para nosotros mismos. Los tentáculos del pecado han deformado nuestros corazones y desordenado nuestros afectos. Cada uno de nosotros se ha rebelado, tanto por naturaleza como por elección, contra el Señor de amor.

> **LOS TENTÁCULOS DEL PECADO HAN DEFORMADO NUESTROS CORAZONES Y DESORDENADO NUESTROS AFECTOS.**

Es fácil pensar en el pecado como algo relativamente menor; alguna travesura superficial, quizás, o una especie de multa de estacionamiento celestial. Pero cuando la Biblia habla del pecado, se refiere a una traición cósmica: una insurrección contra el cielo mismo.

Es vital que comprendamos al menos dos verdades sobre la naturaleza del pecado.

Primero, el pecado es *más relacional que conductual*. Cuando Adán y Eva se rebelaron contra Dios, no fue un rasguño conductual; fue una traición al nivel del corazón. Engañamos a nuestro Hacedor; por eso, al pecado de Israel en el Antiguo Testamento se lo menciona tan a menudo como adulterio espiritual. Con desesperación, hemos intentado construir nuestras vidas alrededor de otras cosas —cualquier cosa— que no sea Él. Hemos tomado dádivas buenas y las hemos transformado en sustitutos del Dador.

Segundo, el pecado es *más vertical que horizontal*. Sus efectos horizontales pueden ser devastadores, pero el pecado es fundamentalmente un problema vertical. David, el «hombre conforme al corazón de Dios», confiesa bien el aprieto en el que todos estamos:

*Porque yo reconozco mis transgresiones,*
  *y mi pecado está siempre delante de mí.*
*Contra Ti, contra Ti solo he pecado,*
  *y he hecho lo malo delante de Tus ojos.*
(Sal. 51:3-4; comp. Gén. 39:9; Luc. 15:21)

Aquí hay algo fascinante: «pecado» es el único sustantivo que es *mayor* en su forma singular. «Pecado» es una categoría más grande que «pecados». Entonces, en el sentido más profundo, no somos pecadores porque pecamos; pecamos porque somos pecadores.[7]

Pero se pone peor. Medita en lo siguiente: el resultado de nuestro egocentrismo e idolatría no es nada más que la creación de un abismo catastrófico entre nosotros y Dios. «Pero las iniquidades de ustedes han hecho separación entre ustedes y su Dios», declara el profeta Isaías, «y los pecados le han hecho esconder Su rostro para no escucharlos» (Isa. 59:2). Hemos resistido el diseño de Dios para nosotros, los portadores de Su imagen, así que quedamos separados de la fuente suprema de vida y amor. Y cuando morimos, llega la justicia: «está decretado que los hombres mueran una sola vez, y después de esto, el juicio» (Heb. 9:27).

Como resultado de nuestro pecado, estamos justamente bajo la ira de Dios: Su oposición santa y determinada contra el mal. «Si Dios está por nosotros, ¿quién estará contra nosotros?», les pregunta Pablo a los creyentes (Rom. 8:31). Pero lo opuesto también es verdad para aquellos que están fuera de Cristo: si Dios está en su contra, ¿quién estará con ustedes?

Entonces, para entender el evangelio, ¿cuán bueno debes ser para entrar al cielo? Aquí está la respuesta asombrosa: *tan bueno como Dios*. Solo las personas que Dios considera perfectas pueden vivir con Él para siempre.

Esta necesidad de perfección moral, por supuesto, es una perpetua mala noticia. Librados a nuestros propios recursos, estamos al borde del precipicio de un futuro sin esperanza en el infierno: no solo la ausencia de Dios, sino la presencia de Su justicia correcta y buena.

Así es como Pablo se los explica a los efesios:

> *Y Él les dio vida a ustedes, que estaban muertos en sus delitos y pecados, en los cuales anduvieron en otro tiempo según la corriente de este mundo, conforme al príncipe de la potestad del aire, el espíritu que ahora opera en los hijos de desobediencia. Entre ellos también todos nosotros en otro tiempo vivíamos en las pasiones de nuestra carne, satisfaciendo los deseos de la carne y de la mente, y éramos por naturaleza hijos de ira, lo mismo que los demás.* (Ef. 2:1-3)

Y en lugar de dar por terminado el asunto y despedirse, Pablo sigue diciendo: «*Pero...*».

¿Alguna vez pensaste en que toda tu eternidad depende de esa palabrita?

## EL RESCATE

Sucedió algo en la historia que cambió la trayectoria de aquellos que confían en Jesús para salvación, y aquí está el «pero» decisivo:

> *Pero Dios, que es rico en misericordia, por causa del gran amor con que nos amó, aun cuando estábamos muertos en nuestros delitos, nos dio vida juntamente con Cristo (por gracia ustedes han sido salvados).* (Ef. 2:4-5)

Después de siglos de rebelión del pueblo de Dios, el Hijo de Dios (la segunda persona de la Trinidad eterna) se transformó en un embrión, un bebé, un adolescente, un hombre. Como no podíamos llegar a Dios, Él se acercó a nosotros (Heb. 2:14-15). Durante treinta y tres años, el carpintero de Nazaret vivió una vida de devoción y obediencia ininterrumpidas a Su Padre celestial. Hizo muchas oraciones, pero jamás una de confesión, porque nunca tuvo ningún pecado para confesar.

Jesús vivió la vida de perfección moral que Adán no pudo vivir, que Israel no pudo vivir, y que tú y yo no pudimos vivir.

Y la Biblia dice que Jesús se hizo «obediente hasta la muerte, y muerte de cruz» (Fil. 2:8). Aquel que hizo la ley también la cumplió, y después murió por los que la habían quebrantado. El creador de la ley se transformó en el guardián de la ley, y murió en el lugar de los infractores de la ley.[8]

Ahora hemos llegado al punto medular de la fe cristiana: la muerte de Jesucristo. Sobre la cruz, Dios castigó a Su Hijo perfecto por los pecados de las personas imperfectas.

Pero es no fue lo único que ocurrió. Si Dios tan solo hubiera cancelado nuestro pecado, eso nos habría dejado en cero otra vez.

Pensémoslo de esta manera: en una temporada habitual de la Asociación Nacional de Básquet hay ochenta y dos partidos. Ningún equipo tuvo jamás una temporada perfecta; una sin ninguna derrota. «Un momento», podría objetar un aficionado. «El récord de mi equipo es actualmente 0-0. Esa es una temporada perfecta... ¡No perdimos ningún partido!».

A lo cual, con toda razón, responderíamos poniendo los ojos en blanco. «Tu» equipo no perdió *porque no ha jugado todos los partidos.* Para tener una temporada perfecta, no debes perder nunca y tienes que ganar siempre, hasta el último partido.

En el jardín del Edén, Adán y Eva tenían una puntuación moral, por así decirlo, de 0-0. No habían pecado, así que estaban «invictos». Pero ninguno había alcanzado toda una vida de justicia, así que tampoco era una «temporada perfecta». Y cuando se alejaron de Dios, quedaron en bancarrota espiritual. Cayeron a 0-82, la puntuación moral que ahora heredamos.

Sin embargo, en medio de la historia, un hombre alcanzó un récord sin precedentes: 82-0.

Para seguir con la ilustración, lo importante es lo siguiente: si Jesús *solo* hubiera pagado por nuestros pecados, nuestra puntuación moral sería 0-0. Pero sobre la cruz, Jesús no solo absorbió nuestras ochenta y dos pérdidas, también les dio a los creyentes Sus ochenta y dos victorias, certificadas por Su tumba vacía (Rom. 4:23-25). Así que, en un instante, nuestra puntuación cambia de 0-82 a 82-0. Ante los ojos de un Dios santo, ahora es como si no hubiéramos hecho nada para ofenderlo *y* todo para agradarle.

Pablo lo expresa así, refiriéndose a Cristo: «Al que no conoció pecado, lo hizo pecado por nosotros, para que fuéramos hechos justicia de Dios en Él» (2 Cor. 5:21). Reitero, en la cruz Dios trató a Cristo como si hubiera llevado la vida pecaminosa de un creyente, para poder tratarnos como si nosotros hubiéramos llevado la vida sin mancha de Cristo. Con razón los teólogos le llaman a esto «el dulce intercambio».

¿Qué significa esto en la práctica al entender el evangelio para nosotros y los demás? Bueno, en las palabras del puritano Richard Sibbes: «Hay más misericordia en Cristo que pecado en nosotros».[9] No importa quién seas o qué hayas hecho, escucha esta maravillosa noticia: hay más misericordia en Jesús que pecado en ti.

> *NO IMPORTA QUIÉN SEAS O QUÉ HAYAS HECHO, ESCUCHA ESTA MARAVILLOSA NOTICIA: HAY MÁS MISERICORDIA EN JESÚS QUE PECADO EN TI.*

En nuestro momento cultural, es fundamental entender que Jesús no murió meramente para aumentar nuestra autoestima o dar un ejemplo moral. Esta perspectiva, por más bienintencionada que sea, domestica lo que hizo. Él se rebajó para tomar nuestro lugar en la cruz porque nosotros nos peleamos por tomar Su lugar en el trono. Me encanta cómo lo expresa John Stott:

> *El concepto de la sustitución está en la base tanto del pecado como de la salvación. La esencia del pecado es el ser humano sustituyendo a Dios con su propia persona, mientras que la esencia de la salvación es Dios sustituyendo al ser humano con su propia persona. El ser humano se rebela contra Dios y se coloca a sí mismo donde sólo corresponde que esté Dios. El ser humano pretende tener prerrogativas que le pertenecen sólo a Dios; Dios acepta penalidades que le corresponden sólo al hombre.*[10]

Amén. Y sin embargo, debemos tener cuidado, al presentar el evangelio, de no dejar a Jesús colgado en la cruz.

Después de Su muerte, Su cuerpo, que había sido tratado con brutalidad, fue puesto en un sepulcro seguro (Mat. 27:65-66), donde nunca más nadie lo vería. Excepto que *sí* lo vieron, porque el poder de la muerte no pudo retener al Autor de la vida (Hech. 2:24; comp. 3:15). Así que, tal como había prometido, al tercer día, salió de la tumba.

Una vez más, mientras nos preparamos para compartir nuestra fe, la resurrección no es una «añadidura» a la historia del evangelio; porque, sin ella, no hay historia del evangelio. Al levantar a Jesús de entre los muertos, Dios afirmó públicamente que Su sacrificio en la cruz fue aceptado, un pago justo y completo por el pecado. Si el Viernes Santo se firmó un cheque de redención, el Domingo de Pascua se cobró.

Y un día, este mismo Jesús (que murió, resucitó y ascendió al cielo e intercede por Su pueblo) volverá. Aquellos que no han confiado en Él recibirán justicia; aquellos que *sí* hayan confiado recibirán misericordia. Nuestra esperanza suprema como cristianos no es la evacuación de esta tierra, sino la restauración de la tierra.[11] El pueblo redimido de Dios heredará un mundo transformado, sin el deterioro y el flagelo del pecado. Por eso las Escrituras representan nuestro futuro hogar en términos concretos y materiales: «cielos nuevos y una tierra nueva» (Isa. 65:17; comp. 2 Ped. 3:13; Apoc. 21:1-4). Contrario a la creencia popular, no estaremos flotando por ahí ni tocando arpas doradas junto a ángeles regordetes. Estaremos corriendo y trabajando y jugando y cantando y riendo y descansando y deleitándonos en las infinitas maravillas de nuestro buen y hermoso Dios.

> NUESTRA ESPERANZA SUPREMA NO ES LA EVACUACIÓN DE ESTA TIERRA, SINO LA RESTAURACIÓN DE LA TIERRA. EL PUEBLO REDIMIDO DE DIOS HEREDARÁ UN MUNDO TRANSFORMADO, SIN EL DETERIORO Y EL FLAGELO DEL PECADO.

## LA RESPUESTA

Cuando pasas por una casilla de peaje en una autopista e interactúas con la persona en la cabina, ¿es una experiencia significativa? No exactamente. Es una transacción de negocios: pagas el dinero, la persona levanta la barrera. Tú haces tu parte, ella hace la suya.

Transformarse en cristiano, amigo mío, *no* se parece nada a esto. No es una transacción fría. Se parece más a un casamiento: una unión personal intensa. Te arrojas sobre Jesús pidiendo misericordia; Él te atrapa y nunca más te suelta.

Así que, mientras captamos este evangelio que anhelamos impartir a otros, podemos prepararnos para responder la pregunta más importante que alguien podría hacer: *¿Qué debo hacer para estar a cuentas con Dios?*

Primero, *volvernos* del pecado. Somos hábiles para confesar el mal de los demás, pero nuestro propio pecado debería ser lo que más nos devaste. Este es el significado del arrepentimiento: cambiar de opinión y hacer un giro de 180 grados de la vida que estás llevando para ti mismo.

Segundo, *confiar* en Jesucristo. Decimos «no» al pecado y «sí» a Él, abrazando lo que ha logrado por nosotros y Su promesa invencible de perdonar. Después de todo, el arrepentimiento y la fe son dos lados de la misma moneda.[12]

Tercero, *atesorar* a Jesús. Ahora, estrictamente hablando, no es un tercer paso, sino el resultado del segundo. Pero vale la pena decirlo, porque muchos «aceptan» a Cristo como uno podría aceptar, digamos, una endodoncia. Sin embargo, entender el evangelio supone *abrazar* a Jesús como tu Señor, Salvador y tesoro.

Lo que esto significa, entre otras cosas, es que Jesucristo es infinitamente más que un pase para salir del infierno. Es una persona viva para seguir, adorar, atesorar y disfrutar. Por cierto, conocerlo es la única manera de ser restaurado a una relación correcta con el Dios para el cual fuimos hechos (Juan 14:6; 17:3). A través de Él, podemos experimentar el gozo del perdón, la ayuda del Espíritu Santo y la esperanza del mundo venidero.

> **JESUCRISTO ES INFINITAMENTE MÁS QUE UN PASE PARA SALIR DEL INFIERNO. ES UNA PERSONA VIVA PARA SEGUIR, ADORAR, ATESORAR Y DISFRUTAR.**

Nadie se salva por bautizarse, ir a la iglesia, retuitear frases cristianas, hacer una oración, firmar una tarjeta, caminar hacia el altar o arrojar una piña al fuego en un campamento de verano. La pregunta crítica que cada uno de nosotros enfrenta le pasa por un lado a cualquier cuestión externa, porque apunta directamente al corazón: *¿Estás, en este mismo momento, confiando solo en Jesús para tu condición ante Dios?*

El evangelio exige una respuesta. «Ahora es el día de salvación», insiste Pablo (2 Cor. 6:2). Al compartir nuestra fe, urjamos a la gente a responder a las declaraciones de Cristo, y así llevarlos a ese punto de decisión con consecuencias eternas.

Es la historia más grandiosa jamás contada, y cualquiera puede ser parte de ella. ¿A quién invitarás?

# 2

# Examina tu contexto

**«¡Jesús es un dios** norteamericano!».

Aunque en ese momento era misionero en el extranjero, no estaba preparado para esta respuesta. Acababa de preguntarle a mi nuevo amigo, un estudiante universitario educado, qué sabía sobre Jesucristo. Sin duda, no esperaba que me recitara el Credo de Nicea. Pero lo que me asombró fue la seguridad con la que me respondió. Habría sido lo mismo si le hubiera preguntado el nombre de su escuela.

Ahora, imagina si le hubiera respondido inmediatamente explicándole que Jesús lo ama y que murió por sus pecados y resucitó para que pueda ir al cielo para siempre.

*¿Y eso qué tiene que ver conmigo?*, se habría preguntado con buena razón. *No estamos en Estados Unidos.*

Pasar directamente a las glorias del Viernes Santo y del Domingo de Resurrección podría haberme hecho sentir valiente en el momento —*¡no me avergüenzo del evangelio!*—, pero habría sido insensato, incluso falto de amor. Porque primero tenía que despejar la estática en el aire.

## ¿QUIÉN ES LA AUDIENCIA?

Para compartir nuestra fe con eficacia necesitamos conocer a nuestra audiencia. Y no solo conocer el nombre de alguien y tal vez adónde va a la escuela o lo que hace para ganarse el pan, sino también su trasfondo.

Ahora, por un lado, deberíamos tener cuidado de no hacer un *sobre énfasis* en las distintas diferencias de la humanidad. Más allá de la cultura, la etnia, el idioma o el trasfondo cultural, nos une un común denominador: fuimos hechos a imagen de Dios, todos nos rebelamos contra Él y necesitamos que nos rescate de nuestro merecido aprieto. La buena noticia de la Biblia, entonces, es aplicable a cualquier sociedad, porque la mala noticia es relevante para todo pecador.

Pero tampoco deberíamos hacer *poco énfasis* en las diferencias culturales, como si no tuvieran relevancia en la manera en que las personas escuchan el mensaje. Y este no es tan solo un principio para misioneros en lugares alejados.

En el Occidente moderno, como seguro has notado, las cosas no son como lo eran hace algunos años. Antes, se podía suponer que la otra persona llegaba a una conversación sobre cuestiones espirituales con un *marco de referencia*, con una comprensión básica de un Dios creador, del pecado como un quebrantamiento de los Diez Mandamientos, de la Biblia como una fuente respetada, de la vida después de la muerte en el cielo, etc.

> *DEBEMOS TENER CUIDADO DE PRESTAR ATENCIÓN Y ESCUCHAR BIEN, DE PONERNOS EN EL LUGAR DEL OTRO PARA VER COMO ÉL VE Y HABITA EL MUNDO.*

Claramente, esos días se terminaron. En una era secular y poscristiana no podemos suponer ninguna conjetura básica en aquellos que estamos intentando alcanzar con el evangelio.[13] Así que debemos tener cuidado de prestar atención y escuchar bien, de ponernos en el lugar del otro para ver como él ve y habita el mundo. De lo contrario, estaremos hablando de términos, incluso bíblicos, que sencillamente serán malinterpretados o rechazados de plano.

- *Dios te ama*. Es una excelente noticia; pero no significa nada si no entiendes la naturaleza de Dios (o del amor).
- *Eres un pecador*. Es cierto; pero no significa nada si no sabes qué es el pecado o no te sientes mal al respecto.
- *Necesitas un Salvador*. Es cierto; pero no significa nada si no captas de qué necesitas ser salvo.
- *La Biblia dice...* Es genial; a menos que se considere que la Biblia es una colección arcaica y patriarcal de cuentos de hadas.

# CONTEXTUALIZAR O NO CONTEXTUALIZAR, ESA NO ES LA CUESTIÓN

En este punto es donde suelen malograrse los debates sobre (alerta sobre palabra sofisticada) *contextualización*. ¿Cómo deberían los embajadores de Cristo comunicar un mensaje que no cambia en contextos que están en constante cambio?

No necesitamos adornar el evangelio para que luzca bien. Necesitamos explicarlo para que quede claro. *Ese* es el propósito de estudiar la cultura que te rodea a la luz de la Palabra de Dios. ¿Cuáles son los valores, esperanzas y temores principales de la gente? ¿Cómo hace la historia del evangelio para cumplir sus anhelos más profundos y derrocar a sus ídolos más atesorados?

> **NO NECESITAMOS ADORNAR EL EVANGELIO PARA QUE LUZCA BIEN. NECESITAMOS EXPLICARLO PARA QUE QUEDE CLARO.**

Estas preguntas no son una idea original de los misiólogos modernos. Retrocedamos el reloj dos mil años e incluso el Hijo de Dios no abordaba a todos los perdidos de la misma manera. Adoptaba cierto enfoque con los pedantes fariseos (por ej., Mar. 12:13-17), otra con los escépticos saduceos (por ej., Mar. 12:18-27) y otra con pecadores de mala fama (por ej., Mar. 2:13-17).

Pablo hacía lo mismo: en Hechos 17 adoptó un enfoque con los judíos bíblicamente versados de Tesalónica (vv. 1-9) y Berea (vv. 10-15), pero otro completamente distinto con los griegos paganos en Atenas (vv. 16-34). ¿Acaso estaba confundido el apóstol? ¿Se habrá acobardado? ¿Tenía alguna especie de esquizofrenia espiritual? De ninguna manera. Sencillamente, estaba en sintonía con sus distintos contextos y dispuesto a adaptarse de manera acorde. Tampoco hace falta que lo psicoanalicemos. Él mismo explicó su estrategia:

> *Porque aunque soy libre de todos, de todos me he hecho esclavo para ganar al mayor número posible. A los judíos me hice como judío, para poder ganar a los judíos. A los que están bajo la ley, como bajo la ley, aunque yo no estoy bajo la ley, para poder ganar a los que están bajo la ley. A los que están sin ley, como sin ley, aunque no estoy sin la ley de Dios,*

*sino bajo la ley de Cristo, para poder ganar a los que están sin ley. A los débiles me hice débil, para ganar a los débiles. A todos me he hecho todo, para que por todos los medios salve a algunos. Y todo lo hago por amor del evangelio, para ser partícipe de él.* (1 Cor. 9:19-23)

Al afirmar que es «libre de todos», Pablo se refería a que, en última instancia, no respondía a los hombres. En otra parte, lo destacó enfáticamente:

*Porque ¿busco ahora el favor de los hombres o el de Dios? ¿O me esfuerzo por agradar a los hombres? Si yo todavía estuviera tratando de agradar a los hombres, no sería siervo de Cristo.* (Gál. 1:10)

Sin embargo, aunque Pablo no respondía a los hombres, sí se *adaptaba* a ellos. ¿Por qué? Para quitar cualquier barrera que dificultara que alguien tuviera un encuentro directo con Cristo. Al reflexionar sobre 1 Corintios 9:19, el reformador protestante Martín Lutero captó muy bien la dinámica: «Un cristiano es un agente perfectamente libre de todos, sujeto a nadie. [Y] un cristiano es un siervo perfectamente dedicado a todos, sujeto a todos»[14].

Trescientos años después de Lutero, en 1854, un joven misionero británico llamado Hudson Taylor llegó a la costa de China. Cuando empezó a viajar por ahí con la intención de compartir a Cristo, descubrió rápido que al pueblo chino lo distraía su apariencia extranjera; les interesaba más la ropa y los modales occidentales que escuchar su mensaje. Este descubrimiento frustrante llevó a Taylor a cambiar no su evangelio, sino su estrategia.

¿Qué hizo este misionero? Empezó a vivir como un hombre chino. Esto no solo incluía la ropa típica de China, sino también teñirse el cabello de negro y usarlo en una trenza tradicional china. ¿Por qué contextualizaba de esta manera? ¿Acaso lo hacía para engañar a las personas en cuanto a su propio legado? ¿O quizás para sentirse un bohemio antiguo? Por supuesto que no. Lo hizo para que *él* no fuera una distracción del mensaje de gracia del evangelio.

Hudson Taylor llegó a pasar cincuenta y un años en China, y la pequeña organización que fundó se transformó en la agencia misionera más grande del mundo. Misioneros de la China Inland Mission terminaron alcanzando todas las provincias del país y estableciendo unas 125 escuelas donde se vieron, según algunos informes, más de 18 000 conversiones a Jesucristo.

No me refiero a que el enfoque particular de Taylor sería sabio ahora... probablemente no lo sería. Pero observa el fruto del evangelio que surgió de la elección sacrificada de un hombre de adaptarse creativamente a su contexto, dejando de lado algunas de sus propias preferencias culturales y, al hacerlo, quitar barreras para compartir a Cristo.

Cuando leemos 1 Corintios 9:19-23, es fácil concentrarse en el «me he hecho [...] me hice» y pasar por alto el *fundamento* del refrán: «Me he hecho siervo» (RVR1960). En lo fundamental, una buena contextualización no se trata de lucir bien; se trata de ser un siervo. Se trata de esforzarse con creatividad para que el mensaje de la cruz y del gozo de la resurrección queden claros como el agua.

No hace falta ningún título de seminario para ver lo que Pablo buscaba con su vida cotidiana. Lo que más lo impulsaba a ser flexible, a adaptarse, a sacrificarse, era su pasión primordial de ver que los perdidos acudieran a Cristo: «Y todo lo hago por amor del evangelio» (v. 23).

## ¿QUÉ HAY EN JUEGO?

Para ser claro, estas afirmaciones de Pablo no están hechas para ser infinitamente elásticas. Él se estira todo lo posible para alcanzar a los perdidos; pero no está dispuesto a comprometer la verdad para llegar ahí. Tampoco está recomendando que nos entreguemos a conductas pecaminosas para que los demás puedan identificarse. «A todos me he hecho todo» se refiere a cuestiones *legítimas*. Pablo no está diciendo: «A los chismosos, me hice como chismoso; a los borrachos, como borracho; a los caníbales, como caníbal». Pero *sí* está diciendo, en esencia: «Me acerco lo más que puedo a las demás personas. Soy flexible y me adapto para encontrarme con ellos donde están, siempre que la verdad y la sabiduría lo permitan».

Creo que las primeras palabras de 1 Corintios 9:20 representan una de las declaraciones más increíbles que ha hecho Pablo: «A los judíos me hice como judío». *¿Qué? Ya era judío*. Sería como si yo dijera: «Esta es mi gran estrategia evangelizadora: a los estadounidenses de Virginia me hice como estadounidense de Virginia; a los amantes de los dulces me hice como amante de los dulces».

¿Qué sucede?

No es que a Pablo le avergonzara su identidad étnica; en otras partes, se refiere cálidamente a los judíos como «mis parientes». Pero puede proponer este concepto contrario a las expectativas lógicas («a los judíos me hice como judío») porque *usaba su judaísmo holgadamente*. Es casi como si pudiera hablar de algo que se podía poner y sacar; no porque no importara, no porque lo negara, sino porque su identidad fundamental ya no era: «Soy judío, hebreo de hebreos, de la tribu de Benjamín» (comp. Fil. 3:5), sino más bien «Soy un discípulo, el primero de los pecadores, del pueblo de Jesús».

Se me ocurren dos ejemplos de este principio que había en la vida del propio Pablo. Uno es una referencia al pasar en Hechos 18 a que Pablo se cortó el cabello porque «tenía hecho un voto» (v. 18). No sabemos la naturaleza exacta del voto, pero era una especie de ritual judío, tal vez similar al voto nazareo de Números 6.

El otro ejemplo, más complicado, es el de Hechos 16:3:

> *Pablo quiso que este [Timoteo] fuera con él, y lo tomó y lo circuncidó por causa de los judíos que había en aquellas regiones, porque todos sabían que su padre era griego.*

Ahora, si conoces el libro de Romanos, y especialmente el de Gálatas, entonces, al leer esto, deberías sentirte algo consternado, si no escandalizado. Porque en Gálatas 2, Pablo se *negó* a circuncidar a Tito.

Entonces, ¿qué hacía ahora circuncidando a Timoteo? Bueno, la principal diferencia es que, al contrario de la situación de Tito, en la situación de Timoteo el evangelio no estaba en juego. En el caso anterior, los falsos hermanos estaban diciendo: «Tito necesita circuncidarse para ser salvo», mientras que nadie decía eso sobre Timoteo. Pero Pablo calculaba que había una comunidad de judíos incrédulos a los que sería más fácil alcanzar con el evangelio si se adaptaba culturalmente en este punto.

A veces, Pablo, de maneras sorprendentes, está dispuesto a *adaptar* y a *acomodar*. Pero con tenacidad se niega a *asimilar*.

En nuestra era de políticas identitarias, esta afirmación de «a los judíos me hice como judío» es una bomba. El mundo quiere encogerte y reducirte a ciertos marcadores de identidad: tu origen étnico, tu clase, tu género, tus deseos sexuales, tu afiliación política, etc. Pero debajo de todos esos marcadores descriptivos, hay una verdad más profunda: perteneces a Dios y a Su pueblo primeramente, y este es el aspecto más importante sobre ti.

Qué buen recordatorio de usar nuestros diversos marcadores de identidad de manera holgada (tal como Pablo usaba su judaísmo de manera holgada), mientras nos aferramos a lo único que cementa nuestra comunión con otros creyentes por encima de todas las cosas: el evangelio de Jesucristo.

Aun así, es fácil equivocarse aquí, ¿no lo crees?

## SUPRIME LAS CATEGORÍAS EXISTENTES, CREA OTRAS NUEVAS

Para ser eficaces en nuestro momento cultural debemos distinguirnos a la hora de hacer preguntas.[15] Pensaremos más en esto en el próximo capítulo. Si no entendemos el trasfondo de la persona, nos arriesgamos a perder nuestro tiempo (y el de ella) con un mensaje que tan solo será malinterpretado. Arrojar «bombas de verdad» abstractas sobre personas contemporáneas es arriesgarse a no solo ser improductivo, sino contraproducente; puede reforzar los conceptos erróneos y calcificarlos en su resistencia a la gracia del evangelio.

> **PARA SER EFICACES EN NUESTRO MOMENTO CULTURAL, DEBEMOS DISTINGUIRNOS A LA HORA DE HACER PREGUNTAS.**

No estoy sugiriendo que intentemos meter a presión la verdad bíblica en el molde del pensamiento humano caído. Parte de nuestra tarea es *crear* categorías donde no existen. John Piper hace resonar una atinada advertencia:

> *Cuando pensamos seriamente sobre contextualizar el mensaje de la Biblia, recordemos que también debemos esforzarnos por suscitar, en la mente de nuestros oyentes, categorías conceptuales que puedan faltar en su esquema mental. Si tan solo usamos las estructuras de pensamiento que ya tienen, hay verdades bíblicas cruciales que seguirán siendo ininteligibles, no importa cuánto contextualicemos. [...] Dios es el que trae esta nueva visión, comprensión y convicción. Pero nos usa a nosotros para hacerlo. Así que deberíamos esforzarnos de la misma manera para ayudar a la gente a tener nuevas categorías bíblicas de pensamiento como lo hacemos para contextualizar el evangelio en las categorías que ya tienen.*[16]

En resumen, debemos *trepar* a las categorías existentes de las personas, excavar sus suposiciones culturales en busca de resonancia con el evangelio; y también, con la ayuda del Espíritu, tenemos que esforzarnos por *crear* nuevas categorías que concuerden con la verdad sobrenatural.

En meses recientes, mi amiga Sarah y su compañera de vivienda empezaron a hablar de cuestiones espirituales con un vecino, Carl (no son sus nombres reales). A pesar de haber crecido en la iglesia, Carl rechaza la autoridad de la Biblia, insiste en que Jesús es tan solo un ejemplo moral y descarta la realidad del infierno. Pero su piedra de tropiezo principal, según cree Sarah, es su visión del mal y del sufrimiento. No es ninguna sorpresa: su padre murió, y luego Carl también vio morir a su padrastro, y ha luchado con una adicción a las drogas durante años. «Es lo que hay», suele decir respecto a su dolor. Sin embargo, también parece usar su historia de tribulaciones como arma para sobrepasar a Sarah y su amiga, o quizás como una manera de no tener que enfrentar lo que tienen para decir sobre Dios y Su Palabra.

Entonces, ¿qué hicieron estas mujeres? Permanecieron sensibles a la persona particular (un portador singular de la imagen de Dios) frente a ellas. *Treparon a la categoría existente de Carl para el sufrimiento* al transformarse en compañeras de sufrimiento a sus ojos. Sarah le habló de los efectos devastadores de un trastorno alimenticio, y su amiga fue sincera respecto a su lucha para lidiar con la muerte trágica de su hermana. Antes, Carl había podido descartar a estas «santurronas» cristianas; ahora, considera que tienen «credibilidad callejera» y parece respetarlas más. Sarah y su amiga han ido desenterrando poco a poco la suposición cultural de Carl de que el sufrimiento no tiene sentido, mientras también buscan *crear una nueva categoría de verdad sobrenatural*. Sostienen que el peor dolor humano no se puede comparar con la gloria que le espera al pueblo de Cristo (Rom. 8:18; 2 Cor. 4:17), y que la desolación de este mundo no se puede comparar con la profundidad de nuestra necesidad del perdón de pecados, que tan solo Cristo puede proveer (Mar. 2:1-12).

Las conversaciones continúan, y la historia de Carl no ha terminado. Sarah y su amiga siguen siendo intencionales y manteniendo la esperanza, porque confían en un Dios grande que hace milagros en los corazones humanos.

El apóstol Pablo es muy claro:

*Pero el hombre natural no acepta las cosas del Espíritu de Dios, porque para él son necedad; y no las puede entender, porque son cosas que se disciernen espiritualmente.* (1 Cor. 2:14)

En otras palabras, los no creyentes como Carl *no* abrazan la verdad sobrenatural por una sencilla razón:

*no pueden.* La tercera persona de la Trinidad eterna debe intervenir y otorgar oídos para oír y ojos para ver.

## BÚSQUEDAS DE FELICIDAD

Se ha dicho sabiamente que las personas no están buscando la verdad tanto como la felicidad. El incrédulo promedio no se levanta por la mañana pensando: *¿Cómo puedo encontrar la verdad hoy?* Pero sí piensa: *¿Qué me hará feliz hoy?* Como cristianos, por supuesto, hemos descubierto que la felicidad real y duradera se encuentra solo en Aquel que dijo: «Yo soy el camino, la verdad y la vida» (Juan 14:46).

La historia humana, según observó C. S. Lewis, es «el prolongado y terrible relato del hombre en su afán por hallar algo fuera de Dios que pueda proporcionarle la felicidad».[17] Y nuestro privilegio como comunicadores del evangelio es mostrarles a los no creyentes cómo sus más profundos anhelos y esperanzas se resuelven solo en Jesucristo.[18]

Al prepararte para compartir tu fe, prepárate para «cuestionar las preguntas de la gente» (algo que exploraremos en el capítulo 5) al explicar cómo todo sustituto para Dios es un amo que te esclavizará. Pero Jesús no. Solo Jesús es un amo que te hará libre. Y donde tus ídolos (los reemplazos de Dios) exijan y desilusionen y te aplasten hasta el suelo, solo Jesús aparecerá y dirá: «Me dejaré aplastar por ti».

> **NUESTRO PRIVILEGIO COMO COMUNICADORES DEL EVANGELIO ES MOSTRARLES A LOS NO CREYENTES CÓMO SUS MÁS PROFUNDOS ANHELOS Y ESPERANZAS SE RESUELVEN SOLO EN JESUCRISTO.**

Como Tim Keller suele afirmar, ninguna cosa creada puede satisfacer tu corazón si la obtienes, ni perdonar tus pecados si le fallas.[19] Pero Jesús sí puede, y lo hará. Si esto es cierto, ¡qué historia tienes para contar!

Hasta que veamos a Jesús como alguien supremamente hermoso, Aquel por el cual todas las cosas fueron creadas (Col. 1:16), seguiremos siendo esclavos de algo que Él hizo. Pero Él nos ama lo suficiente como para perdonar, liberar y satisfacer. Y ¿dónde se intersecan esta buena noticia y un corazón adicto a los ídolos? En el punto de la sustitución. Hemos sustituido a Jesús con tantas cosas. Pero con una gracia asombrosa, Él se entregó como sustituto por nosotros.

> **HEMOS SUSTITUIDO A JESÚS CON TANTAS COSAS. PERO CON UNA GRACIA ASOMBROSA, ÉL SE ENTREGÓ COMO SUSTITUTO POR NOSOTROS.**

Si tu principal objetivo en la evangelización es escucharte hablar, especialmente con jerga bíblica pomposa, entonces muchos escépticos contemporáneos se irán o huirán confundidos (en el mejor de los casos). Pero si tu objetivo es ser eficaz, entonces escucha para entender, habla para que te entiendan, y aborda con respeto a tus compañeros portadores de imagen en su ruta de la vida para comunicarles la mejor noticia que jamás escucharán.

De lo contrario, tan solo añadirás estática al aire.

# 3

# Ama al perdido

**Si hubiera escrito este** libro hace varios años, habría cambiado el orden de los próximos dos capítulos, y hubiera puesto «Enfrenta tu temor» antes de «Ama al perdido». ¿Por qué? Porque estaba convencido de que el temor era el principal obstáculo para la evangelización. Sin duda, caracterizaba mis fracasos para predicar el evangelio.

O, al menos, eso me decía. Hasta que un día lo entendí: lo que más evitaba que predicara el evangelio no era en realidad la presencia del temor. Era la ausencia de amor.

Tal vez te parezca una distinción bastante tonta. Sin embargo, a medida que la internalicé, me sobrecogió la convicción. Había estado usando el temor como una excusa, cuando el amor era mi problema. Entendí que ni siquiera era complicado. *Si amo a alguien lo suficiente, superaré mi temor y le hablaré de Cristo. Pero si no lo amo, no le hablaré.*

> UN DÍA LO ENTENDÍ: LO QUE MÁS EVITABA QUE PREDICARA EL EVANGELIO NO ERA EN REALIDAD LA PRESENCIA DEL TEMOR. ERA LA AUSENCIA DE AMOR.

Así que, bienvenidos al capítulo 3, no al capítulo 4. Debemos considerar el rol del amor antes del desafío del temor.

## EL AMOR ECHA FUERA EL TEMOR

Entender esto no debería haberme sorprendido, ya que es un principio bíblico explícito. «En el amor no hay temor», observa el apóstol Juan, «sino que el perfecto amor echa fuera el temor» (1 Jn. 4:18). En contexto, Juan estaba hablando del temor al castigo divino, pero sus palabras constituyen un argumento poderoso desde lo más grande a lo más pequeño. Si un profundo sentido del amor de Dios tiene el poder de desterrar el temor a Su juicio, ¿*cuánto más* puede eliminar temores menores, como el rechazo humano? Uno es eterno; el otro es momentáneo. Con razón Juan llega a la conclusión de que «el que teme no es hecho perfecto en el amor» (1 Jn. 4:18). El temor es un problema de amor.

Y, resulta ser que, aplicar esta verdad de manera horizontal (el amor de Dios *por* nosotros que mata el temor produce un amor *en* nosotros que mata el temor) concuerda con el tren de pensamiento de Juan. Inmediatamente después, escribe: «Nosotros amamos [a Dios] porque Él nos amó primero» (1 Jn. 4:19).

Al prepararnos para testificar, debemos prepararnos para amar.

## HACERSE AMIGOS

A Jesús lo acusaron de muchas cosas; entre ellas, de ser «amigo de recaudadores de impuestos y de pecadores» (Luc. 7:34).[20] No lo criticaban por ser un espectador o un conocido, sino un *amigo*. El Hijo del Hombre vino a buscar y a salvar a los perdidos (Luc. 19:10), y lo hizo en el contexto de las relaciones auténticas. Pablo también modeló esta evangelización «relacional» o «por amistad»:

> *Más bien demostramos ser benignos entre ustedes, como una madre que cría con ternura a sus propios hijos. Teniendo así un gran afecto por ustedes, nos hemos complacido en impartirles no solo el evangelio de Dios, sino también nuestras propias vidas, pues llegaron a ser muy amados para nosotros.*
> (1 Tes. 2:7-8)

En esta porción de la Escritura («tal vez más que en cualquier otra de sus cartas», observa John Stott), Pablo «revela su mente, expresa sus emociones y desnuda el alma».[21] El apóstol hizo énfasis en que el ministerio de su equipo en Tesalónica no era alguna clase de invasión relámpago del evangelio. Estaban felices de quedarse, de formar amistades, de invertir sus vidas en las vidas de otros.

¿Tenemos esa misma visión?

## DOS ZANJAS

Por supuesto, esto no siempre es fácil. Las buenas intenciones se pueden descarrilar, haciendo que aterricemos en una de dos zanjas. (Rara vez viramos bruscamente del camino. La mayoría de las veces la alineación de nuestras ruedas sencillamente está torcida, y nuestra inclinación es sutil, pero segura).

La primera zanja es ignorar directamente la «evangelización por amistad», lo cual puede llevar a *tratar a las personas como proyectos*. Es probable que seamos más susceptibles a esto cuando empezamos conversaciones con extraños sobre el evangelio.[22] ¿Cómo sería esto en la práctica?

- No escuchar con atención.
- Apurarse demasiado para entrar en el evangelio.
- No interesarse lo suficiente como para recordar el nombre de la persona.

He sido presa de esto; de tratar un encuentro evangelizador más como una casilla para tildar que como una persona a la que amar. Pero Jesús nunca hizo esto. Nunca trató a las personas como una carga, como un medio para un fin. Entendía que cada vida humana es un milagro; que cada vida humana es fascinante; que cada vida humana lleva la huella de Dios. La observación de C. S. Lewis es contundente:

> *Es de suma gravedad vivir en una sociedad de posibles dioses y diosas, recordar que hasta la persona más gris y aburrida con la que hablas puede ser algún día una criatura a la que, si hoy fueras consciente de ello, estarías fuertemente tentado de adorar; o que puede ser un horror y una corrupción tales que ahora solo te enfrentas a ellas si acaso en tus pesadillas. [...] No hay gente corriente. Nunca estás hablando con un simple mortal. Las naciones, las culturas, las artes, las civilizaciones...: ellas sí son mortales y sus vidas son para las nuestras como la vida de una mosca. Pero con quienes bromeamos, trabajamos y nos casamos, a quienes desdeñamos y explotamos, son inmortales: inmortales horrores o resplandores eternos.*[23]

La evangelización no es ninguna manipulación, y no trabajamos en ventas (2 Cor. 2:17). Una conversación sobre el evangelio tampoco es un punto más para agregar a tu currículum vitae espiritual. Para testificar con fidelidad, hacen falta dosis saludables de conciencia social, buena educación y un interés auténtico. Lo cual es otra manera de decir que un testimonio fiel requiere amor.

La segunda zanja es practicar la «evangelización por amistad» por tiempo indefinido, lo cual puede llevar a *idolatrar la comodidad de las relaciones*. Como ya hemos visto, la evangelización por amistad puede ser algo hermoso, siempre y cuando la amistad no deje afuera a la evangelización. Es peligrosamente fácil crear relaciones con no creyentes con el pretexto de predicar el evangelio... sin llegar jamás a predicar el evangelio.

Si el peligro de la primera zanja apura el reloj, el peligro de la segunda supone que el reloj seguirá andando para siempre. «No mereces mi tiempo» es arrogante; «Tenemos tiempo de sobra» es presuntuoso. La primera zanja es inmediatamente imprudente; la segunda es finalmente débil.

> LA EVANGELIZACIÓN POR AMISTAD PUEDE SER ALGO HERMOSO, SIEMPRE Y CUANDO LA AMISTAD NO DEJE AFUERA A LA EVANGELIZACIÓN.

Sería un error llegar a la conclusión de que la evangelización por contacto (compartir de Cristo con extraños) es inherentemente impersonal y fría. Como veremos en el capítulo 5, este enfoque tiene un rico precedente bíblico y ha llevado a muchas conversiones a través de los años.

Un tiempo amplio dedicado a la relación suele ser evidencia de amor, pero no siempre es un prerrequisito. Se puede amar genuinamente a alguien en una interacción breve, así como se puede mostrar una falta de amor por alguien en una amistad de cuarenta años.

## PRUEBA DETERMINANTE

Amar a los perdidos no es simplemente una virtud espiritual. También tiene sentido en la práctica, porque donde no se siente amor, es improbable que el mensaje se oiga. Es así de sencillo. La confianza es esencial, en otras palabras, y esto surge cuando sientes que el otro realmente se interesa. Aunque no todas las frases trilladas son útiles, una es innegablemente cierta: a las personas rara vez les importa lo que sabes, hasta que saben que te importa. No amar a alguien inserta un obstáculo bien real en el camino para establecer una conexión genuina. No solo estorba tus esfuerzos por impartir el evangelio, sino que también puede endurecer el corazón de la persona hacia los cristianos en general y complicarle la tarea al próximo creyente que le predique el evangelio.

> *DONDE NO SE SIENTE AMOR, ES IMPROBABLE QUE EL MENSAJE SE OIGA.*

Sin embargo, amar al perdido nunca debe limitarse a la categoría de la estrategia práctica; por cierto, esta es la prueba determinante más saludable que te dice si *tú* conoces al Dios que profesas. Al principio de uno de los capítulos más famosos de la Escritura, 1 Corintios 13, las palabras de Pablo no podrían ser más arrolladoras:

> *Si yo hablara lenguas humanas y angélicas, pero no tengo amor, he llegado a ser como metal que resuena o címbalo que retiñe. Y si tuviera el don de profecía, y entendiera todos los misterios y todo conocimiento, y si tuviera toda la fe como para trasladar montañas, pero no tengo amor, nada soy. Y si diera todos mis bienes para dar de comer a los pobres, y si entregara mi cuerpo para ser*

*quemado, pero no tengo amor, de nada me aprovecha.* (vv. 1-3)

Puedes ser el evangelista más intencional y constante del mundo. Incluso puedes ver conversiones. Pero Dios nos recuerda que *si nos falta amor* (presta atención a esto), somos «como metal que resuena [...] nada [somos...], de nada [nos] aprovecha». De manera simple pero profunda, el amor es crítico para vivir todas nuestras relaciones horizontales: desde las que tenemos con las personas que vivimos, hasta aquellas con las que compartimos tiempo en la escuela o el trabajo, y todos aquellos con los que nos atrevemos a compartir nuestra fe. Y para que no reduzcamos esto a un sentimiento cálido e impreciso, Pablo lo define: es paciente, es bondadoso, es humilde, honra al otro, no se irrita, no es rápido para enojarse, no guarda rencor, siempre protege y confía, espera y persevera. Qué desafío.

> AMAR AL PERDIDO NUNCA DEBE LIMITARSE A LA CATEGORÍA DE LA ESTRATEGIA PRÁCTICA; POR CIERTO, ESTA ES LA PRUEBA DETERMINANTE MÁS SALUDABLE QUE TE DICE SI TÚ CONOCES AL DIOS QUE PROFESAS.

## CUIDADO CON TUS MODALES

Sin embargo, el amor bíblico es más de lo que parece. Contrario a las inclinaciones modernas, no tiene nada que ver con afirmar a la gente en su pecado.

Esa es una distorsión popular y satánica. Tampoco implica comprometer la verdad. El amor sin verdad es una ficción, y no merece el nombre *amor*.

No obstante, hay maneras equivocadas de estar en lo correcto.

Vivimos en la época de la indignación, por si no lo notaste. Pareciera que la temperatura de toda conversación y debate, por más trivial que sea, está establecida en modo *ardiente*. La Escritura choca con nuestra cultura febril tanto con una amenaza como con un mandato: «Y no se adapten a este mundo, sino transfórmense mediante la renovación de su mente» (Rom. 12:2). Si estás alimentando la máquina de la indignación perpetua, te estás conformando al patrón de este mundo y permitiendo que te «meta en su propio molde».[24] Jesús diría que eres como la sal que se ha vuelto insípida (Mat. 5:13): aguado, imperceptible, inútil. Tu testimonio del evangelio, sacrificado ante el altar de la furia del mundo, no solo es ineficaz; es *contrario* a la causa de Jesucristo.

Una vez más, nada de esto quiere decir que los cristianos deben ser unos pusilánimes con demasiados miramientos, que dan un paso atrás mientras que el mundo avanza.[25] Pero nuestros modales, nuestra postura y nuestro tono tienen una gran importancia para Aquel que enfrentó toda clase de acusación infundada, pero sin pecar. Tristemente, hay una manera de abordar la evangelización que emite un aire de desdén: «Yo tengo razón, tú estás equivocado, y me encantaría hablarte al respecto».[26] Un espíritu así tal vez te haga sentir noble, pero no es cristiano. Y es probable que ensombrezca el evangelio e impida que se lo reconozca por la buena noticia que es.

«¡Pero yo digo la verdad!», tal vez responda algún creyente. «Soy auténtico. Sí amo a las personas... al decir la verdad». Pero amigo, la Biblia nunca enseña que decir la verdad *es* amor; dice que debemos hablar la verdad *en* amor (Ef. 4:15). Medita en esa distinción; es sutil pero fundamental.

> **LA BIBLIA NUNCA ENSEÑA QUE DECIR LA VERDAD ES AMOR; DICE QUE DEBEMOS HABLAR LA VERDAD EN AMOR. MEDITA EN ESA DISTINCIÓN; ES SUTIL PERO FUNDAMENTAL.**

Para resumir, la *manera* en la que comunicamos nuestra fe en Jesús adornará y embellecerá el evangelio que profesamos (Tito 2:10) o lo socavará. No hay una tercera opción.

Una de las formas más concretas de amar bien es escuchar bien. Este no es solo un buen consejo para las parejas que tienen problemas; es inteligencia emocional básica. Es más, que alguien te escuche se parece tanto a que te amen que la mayoría de las personas no distinguen la diferencia.[27] Con razón la Escritura nos exhorta a ser «pronto para oír, tardo para hablar, tardo para la ira» (Sant. 1:19). Sin embargo, ¿cuán a menudo invertimos esto, y nos arriesgamos a desalentar a la gente a que escuche la voz de Dios porque estamos demasiado enamorados de la nuestra?

> **¿CUÁN A MENUDO NOS ARRIESGAMOS A DESALENTAR A LA GENTE A QUE ESCUCHE LA VOZ DE DIOS PORQUE ESTAMOS DEMASIADO ENAMORADOS DE LA NUESTRA?**

Para escuchar bien, hace falta hacer preguntas inteligentes. La evangelización no es un interrogatorio espiritual; nadie quiere que lo ataquen con preguntas retóricas que apestan a motivaciones ocultas. En cambio, hagamos caso del consejo de Proverbios: «Como aguas profundas es el consejo en el corazón del hombre, y el hombre de entendimiento lo sacará» (Prov. 20:5). Hazle preguntas atentas a la persona, después de orar pidiendo sensibilidad y sabiduría, y luego tómate el tiempo para *escuchar* con atención.

Necesitamos hablarles a los demás como si recordáramos lo que era estar perdido también. En esta era de la indignación, un mensaje contracultural no será convincente sin un tono también de contracultura.

> **NECESITAMOS HABLARLES A LOS DEMÁS COMO SI RECORDÁRAMOS LO QUE ERA ESTAR PERDIDO TAMBIÉN. EN ESTA ERA DE LA INDIGNACIÓN, UN MENSAJE CONTRACULTURAL NO SERÁ CONVINCENTE SIN UN TONO CONTRACULTURAL.**

## LECCIONES DE UN ATEO

Penn Jillette, un conocido mago y autor, no cree en Dios. Sin embargo, escucha su perspectiva sobre la evangelización:

> *No respeto a las personas que no hacen proselitismo. No respeto eso para nada. Si crees que hay un cielo y un infierno, y que las personas podrían irse al infierno o no obtener vida eterna o lo que sea, y te parece que no vale la pena decírselos porque puede crear una situación socialmente incómoda [...]. ¿Cuánto tienes que detestar a alguien como para no hacer proselitismo? ¿Cuánto tienes que odiar a alguien para creer que la vida eterna es posible y no decírselo? Es decir, si yo creyera sin lugar a dudas que un camión se aproxima a atropellarte, y tú no*

> *lo creyeras —pero el camión se te viene encima—, llegaría el momento en el que me arrojaría sobre ti para apartarte del camino. Y esto es mucho más importante que eso.*[28]

Tal vez usaría otras palabras, pero no pases por alto la trascendencia de las palabras de este ateo. Va más allá de insinuar que la evangelización es el mayor acto de amor que un cristiano puede hacer. Explícitamente afirma que permanecer callado es el acto de menor amor que puedes hacer; por cierto, es una forma de odio.

¿A quién amas lo suficiente en tu vida en este momento como para compartirle la esperanza de Jesucristo?

# 4

# Enfrenta tu miedo

**Tal vez este es** el primer capítulo al que acudiste. Espero que vuelvas y leas las páginas que conducen aquí, pero sin duda, entiendo el impulso. No es ningún secreto que una de las principales razones por las cuales retrocedemos a la hora de compartir nuestra fe es que tenemos miedo. Tal vez es el temor de una interacción dolorosamente incómoda; el temor de pasar vergüenza o de que nos rechacen abiertamente; o el temor de no estar bien preparados, de que nos falte una respuesta oportuna para una objeción escéptica. La lista sigue.

Algunos de nuestros temores pueden parecer dignos de un cobarde, pero son reales. Solo Dios sabe cuántas oportunidades para el evangelio he desperdiciado por el temor que me dejó congelado.

Pero la evangelización no es complicada: si esperamos a compartir nuestra fe hasta que nuestros miedos se hayan evaporado por completo, nunca lo haremos.

> **SI ESPERAMOS A COMPARTIR NUESTRA FE HASTA QUE NUESTROS MIEDOS SE HAYAN EVAPORADO POR COMPLETO, NUNCA LO HAREMOS.**

## ¡AYUDA!

En la práctica, no es tan fácil. Ayer escuché a una barista en una cafetería decirle algo a su colega respecto a mi camiseta, que mostraba el nombre de una iglesia. No entendí todo lo que decía, pero escuché algo como: «Yo solía ir a una iglesia bautista». *Bum. Oportunidad para el evangelio.* ¿Qué hizo este, tu leal autor? Me escabullí de regreso a mi mesa y seguí escribiendo un libro... sobre evangelización.

No siempre dejo de hablar por las mismas razones. En este caso, por ejemplo, no tenía miedo de que la barista me pusiera en ridículo, ni tampoco que se extendiera más allá del mostrador para arrojarme un libro de Richard Dawkins. Creo que sencillamente me paralicé porque la situación no era... perfecta. Ella estaba ocupada preparando bebidas, y yo ya había dado un paso hacia mi asiento. (No se compadezcan demasiado; no había nadie en la fila. Ella podría haber conversado al menos por un momento).

He dominado el arte de no aprovechar oportunidades *lo suficientemente buenas* a la espera de una *perfecta*. Esto no es tan solo cobarde... es insensato. La simple realidad es que hablar de Cristo casi siempre será inconveniente. Habrá *algo* que no sea ideal, algo sobre el ambiente que haga que el diablo nos susurre dos de sus palabras favoritas: «Ahora no».

Es más, esta es una de las razones por las cuales escribo este libro. Estoy convencido de que una gran cantidad de literatura sobre evangelización empieza demasiado adelante en el partido. Aun si fueras el comunicador más erudito y elocuente de toda tu iglesia, esto no sería de gran importancia si no estuvieras preparado para abrir la boca cuando llega el momento. En vez de permitir que esto siempre nos sorprenda, mi oración es que este libro nos ayude a vivir en constante alerta.

> **NO ESPERES LA SITUACIÓN PERFECTA; NO LLEGARÁ JAMÁS. SENCILLAMENTE, DECÍDETE A APROVECHAR Y ADMINISTRAR BIEN LA QUE DIOS TE HA DADO.**

No esperes la situación perfecta; no llegará jamás. (Pensaremos más en esto en el próximo capítulo). Sencillamente, decídete a aprovechar y administrar bien la que Dios te ha dado.

## CUANDO LLEGA EL MOMENTO

Cuando llega el momento y se entreabre la puerta (de repente, percibes que podrías redirigir la conversación a cuestiones espirituales), tal vez te sientas muy mal físicamente. En serio. ¿Un nudo en el estómago? Eso es normal. ¿Se te acelera el corazón? Otra vez, normal. ¿Te tiembla la voz? Bienvenido a la evangelización. Pero estas sensaciones desagradables no son una señal de que debemos escapar, posponer, patear la situación más adelante y suspirar pensando: *La próxima vez*. No, este es el momento de enfrentar el temor y ponerlo en su lugar: *Es cierto, temor, eres real y poderoso, pero no eres omnipotente. No eres mi rey. No respondo a ti; respondo al Rey Jesús. Voy a apoyarme en Él y a dar un paso de fe.*[29]

Imagina (especialmente, si no creciste en un hogar cristiano) si la persona que te compartió el evangelio por primera vez hubiera permitido que el temor la paralizara. Si hubiera llegado a la conclusión: *¡No, Señor, yo no! Todavía no estoy preparado, todavía no estoy listo. Además, el ambiente no es ideal.* ¿Dónde estarías hoy?

## NO LO HAGAS SOLO

La mayoría de los recursos sobre evangelización, incluido este, se concentran en hacer evangelismo personal. Sin duda, necesitamos toda la ayuda que podamos obtener. Sin embargo, demasiadas veces no consideramos el potencial y el poder únicos de la evangelización *colectiva*.

Este descuido no es intencional; es natural cuando tenemos una visión anémica de la iglesia local. Una eclesiología débil no genera una evangelización fuerte. En el libro de Mack Stiles, *La evangelización: Cómo toda la iglesia habla de Jesús* (¡observa el subtítulo!), el autor enumera algunos beneficios de la evangelización corporativa o en comunidad:

- Nos rendimos cuentas unos a otros.
- Fortalecemos nuestro compromiso mutuo.
- Aprendemos los unos de los otros.
- Nos regocijamos juntos en el éxito y lloramos juntos en los fracasos.
- Formamos vínculos al compartir experiencias en situaciones intensas.[30]

Tal vez se te ocurran otros. Lo importante es que, siempre que sea posible, deberíamos *congregacionalizar* nuestros esfuerzos evangelizadores. No me refiero a que le pidas a tu pastor que organice otro evento de evangelizmo; lo que quiero decir es que deberías poner manos a la obra y llevar a otros contigo. Cualquier iglesia puede organizar un evento o programa de evangelización. Pero para generar una *cultura* contagiosa de evangelismo (una comunidad amorosa, magnética que predica el evangelio y que el mundo no puede entender ni explicar), hacen falta una intencionalidad tenaz y el poder sobrenatural del Espíritu Santo. Esto sucede cuando una iglesia empieza a verse *a sí misma* como el plan más genial de Dios para la evangelización, y cuando las conversaciones sobre el evangelio con los perdidos se transforman en una manera compartida de vivir.

> **EL TESTIMONIO COLECTIVO ES REVOLUCIONARIO A LA HORA DE ENFRENTAR NUESTROS MIEDOS. EL MUNDO, LA CARNE Y EL DIABLO SE NOS OPONEN CONSTANTEMENTE. PERO CUANDO ESTAMOS PREDICANDO JUNTO A OTROS, TENEMOS EL VIENTO SOBRE LA ESPALDA.**

Como las tareas difíciles suelen volverse más sencillas cuando no estamos solos (podemos compartir la carga con otros), el testimonio colectivo es revolucionario a la hora de enfrentar nuestros miedos. El mundo, la carne y el diablo se nos oponen constantemente en la evangelización. Pero cuando estamos predicando junto a otros, tenemos el viento sobre la espalda.[31]

## DEDICADO A CEGAR

Bueno, volvamos al ángulo personal. Si algo he aprendido a lo largo de los años en los que me he dedicado a los tropezones en la evangelización, es esto: la interacción casi siempre sale mejor de lo que temía.

> **SI ALGO HE APRENDIDO A LO LARGO DE LOS AÑOS EN LOS QUE ME HE DEDICADO A LOS TROPEZONES EN LA EVANGELIZACIÓN, ES ESTO: LA INTERACCIÓN CASI SIEMPRE SALE MEJOR DE LO QUE TEMÍA.**

Lo cual me lleva a preguntarme: *¿Habrá alguien más en la ecuación que está haciendo todo lo posible, desesperadamente, por posponer nuestras conversaciones sobre el evangelio hasta que sea demasiado tarde?* En lo que se refiere a la evangelización, Satanás está más ocupado que nosotros:

> *Y si todavía nuestro evangelio está velado, para los que se pierden está velado, en los cuales el dios de este mundo ha cegado el entendimiento de los incrédulos, para que no vean el resplandor del evangelio de la gloria de Cristo, que es la imagen de Dios. Porque no nos predicamos a nosotros mismos, sino a Cristo Jesús como Señor, y a nosotros como siervos de ustedes por amor de Jesús. Pues Dios, que dijo: «De las tinieblas resplandecerá la luz», es el que ha resplandecido en nuestros corazones, para iluminación del conocimiento de la gloria de Dios en el rostro de Cristo.* (2 Cor. 4:3-6)

El diablo está muy ocupado evitando que los pecadores abran los ojos, y lo hace al evitar que *tú* abras la boca. Sabe que puede evitar que los ojos se abran si tan solo puede impedir que hables. Así que está totalmente concentrado en mantenernos callados, y así, protegiendo a los perdidos de la luz espiritual, la cual resplandece a través del evangelio hermoso y lleno de esperanza que él tanto odia.

> **EL DIABLO ESTÁ MUY OCUPADO EVITANDO QUE LOS PECADORES ABRAN LOS OJOS, Y LO HACE AL EVITAR QUE TÚ ABRAS LA BOCA. SATANÁS SABE QUE PUEDE EVITAR QUE LOS OJOS SE ABRAN SI TAN SOLO PUEDE IMPEDIR QUE HABLES.**

## UNA ESPERANZA SOBERANA

Si no creyera que Dios es soberano por sobre todas las cosas, no tendría ninguna motivación para compartir mi fe. ¿Por qué? Porque Dios describe que todo corazón humano en su estado espiritualmente caído está «[muerto] en [...] delitos y pecados» (Ef. 2:1). No nos atrevemos a reemplazar esta verdad con palabras más suaves.

Sin embargo, Jesús llama a Sus seguidores a ser pescadores de hombres (Mat. 4:19; comp. Jer. 16:14-16). Entonces, ¿cómo podemos esperar rescatar cadáveres espirituales?

Porque hay alguien más que les da vida. ¿Recuerdas a Lázaro? Su estado físico era nuestro estado espiritual, hasta que una voz desde afuera de la tumba reanimó su corazón y sopló vida a sus pulmones. De manera similar, el mundo es un cementerio espiritual. Nuestra tarea es caminar por el cementerio y hablar a los ataúdes. La tarea de Dios es abrirlos.[32]

> **EL MUNDO ES UN CEMENTERIO ESPIRITUAL. NUESTRA TAREA ES CAMINAR POR EL CEMENTERIO Y HABLAR A LOS ATAÚDES. LA TAREA DE DIOS ES ABRIRLOS.**

Muchos malinterpretan esta visión alta de la soberanía de Dios en la salvación; como si él arrastrara a las personas al reino, mientras estas patalean y gritan contra su voluntad. Pero la imagen que la Biblia pinta no tiene nada que ver con esto. Imagina a la humanidad (muerta para Dios pero viva para el pecado) corriendo hacia lo que cree que es una playa. Todos tienen los ojos vendados, así que no pueden ver realmente lo que tienen por delante: el infierno. Y los que ya fueron rescatados (los creyentes en Jesús) están al costado del camino, gritando por amor: «¡Detente! ¡Gira! ¡Vas a morir!». Sin embargo, la ráfaga ciega e incrédula de personas tan solo responde gritando: «Ah, ya cállense, fanáticos religiosos. No vamos a morir. ¡Vamos a la playa! Sentimos cómo se pone cada vez más cálido...».

Pero esto es lo que sucede. El Dios de misericordia interviene y empieza a quitar las vendas de los ojos. Cuando alguien por fin ve hacia dónde se dirige en realidad, ¿qué hace? Se vuelve *libremente* y corre en la dirección opuesta con gozo. Dios no nos obliga a acercarnos contra nuestra voluntad. Nos da la posibilidad de acercarnos voluntariamente.

Y esta es la lección liberadora para nosotros: ¡no nos toca sacarle la venda de los ojos a nadie! No podemos revertir la ceguera de ningún corazón ni mente. Nuestra tarea es tan solo presentar a Cristo; la tarea de Dios es quitar la venda de los ojos. ¿Quién en tu vida en este momento (alguien con quien te relacionarás pronto) necesita escuchar el evangelio? Decídete a hablar con esa persona, y pídele al Espíritu que envíe un rayo de luz a su corazón oscurecido. ¿Y si, sin saberlo ninguno de los dos, esa persona tiene un encuentro con Él? ¿Y si, por primera vez en su vida, ve su necesidad de ser salvo en Jesucristo y revierte el curso y corre a Sus brazos? ¿Y si el Dios de la gloria está a punto de quitarle la venda de los ojos?

> EN ÚLTIMA INSTANCIA, LAS PERSONAS QUE RECHAZAN EL EVANGELIO NO NOS RECHAZAN A NOSOTROS; RECHAZAN A DIOS.

*Este* es el antídoto para el temor. Porque, en última instancia, las personas que rechazan el evangelio no nos rechazan a nosotros; rechazan a Dios. Nosotros somos tan solo carteros que llevan el mensaje.

## UN DIOS ÚNICO

Doy gracias porque al ministro de mi campus universitario, Dan Flynn, le encantaba enfatizar estas verdades gemelas de la Escritura: «Dios puede» y «a Dios le interesa».[33] En ese momento no lo entendía, pero con esas sencillas palabras estaba distinguiendo el cristianismo bíblico de cualquier otra religión en el mercado. El liberalismo protestante, por ejemplo, ofrece un Dios «bueno», pero no excelente. Se interesa, pero no puede. Es un buen amigo, un entrenador de vida experimentado, incluso un psicoterapeuta de renombre mundial, pero en última instancia, es tan solo «el hombre de arriba». Mientras tanto, las religiones como el islam ofrecen lo opuesto: un Dios «maravilloso», pero no completamente bueno. Un Dios que puede, pero que tal vez no se interesa.

Sin embargo, cuando abrimos nuestras Biblias sucede algo sin precedentes. Es realmente deslumbrante. Encontramos a un Señor vivo que es tanto maravilloso como bueno, tanto soberano como bondadoso, que puede y que se interesa.

Si Dios fuera *solo* bueno, me tiraría a la cama a dormir... ¡pero entraría a cualquier encuentro evangelizador con temor! ¿Cómo podría confiar en el poder de alguien que, pobrecito, tiene buenas intenciones y hace todo lo que puede? Pero también tendría miedo si fuera *solo* soberano. ¿Qué garantía hay si sabemos que es poderoso pero no es misericordioso? ¿Qué consuelo hay en una deidad que no se interesa lo suficiente como para zambullirse en el dolor humano y rescatarnos? ¿Qué esperanza queda en un Dios sin cicatrices?

## EL CORDERO ES MI PASTOR

En Lucas 12, Jesús exhorta a Sus discípulos a no estar ansiosos, ya que Su Padre en el cielo es a la vez grande y bueno. Después, pronuncia una de las declaraciones más hermosas de los Evangelios: «No temas, rebaño pequeño, porque el Padre de ustedes ha decidido darles el reino» (v. 32).

¿Lo captaste? Pastor. Padre. Rey. En tan solo un pequeño versículo, tres verdades inmensas. El Dios que conocemos en las páginas de la Escritura (y solo ese Dios) es el Pastor que nos busca, el Padre que nos adopta y el Rey que nos ama.

> **PUEDES TENER MIEDO EN LA EVANGELIZACIÓN, PERO NUNCA ESTARÁS SOLO.**

Y hace dos mil años, en el Señor Jesucristo, el Rey pastor se transformó en el Cordero sacrificado. Por más reconfortante que sea escuchar que «el SEÑOR es mi pastor» (Sal. 23:1), hay una promesa aún mejor: el Cordero es mi pastor (Apoc. 7:17). Y justo antes de que ascendiera a la gloria, nos dejó con esta garantía inquebrantable: «¡recuerden! Yo estoy con ustedes todos los días, hasta el fin del mundo» (Mat. 28:20).

Puedes tener miedo en la evangelización, pero nunca estarás solo.

## UNA RACHA INTACTA

¿Sabes cuál es el mandamiento más repetido en toda la Biblia? «No teman». Claramente, Dios sabía que necesitaríamos un recordatorio constante.[34]

La historia humana es la larga historia de la fidelidad de Dios a los miedosos. Nunca le ha fallado a uno de los suyos, y no estropeará Su racha contigo. ¿Acaso no ha sido fiel contigo durante diez mil ayeres? Puedes confiar en que te acompañará en esa oportunidad para evangelizar mañana.

# 5

# Empieza a hablar

«**Predica el evangelio en** todo momento, y si es necesario, usa palabras».

Esta conocida cita, erróneamente atribuida a San Francisco de Asís, es tanto inteligente como contagiosa. El único problema es que no es bíblica. Aunque tiene el objetivo admirable de destacar que *toda la vida es adoración*, implica erradamente que las palabras son secundarias a las obras. O directamente opcionales.

La evangelización (comunicar la buena noticia de Jesucristo) siempre requiere palabras.

Sin duda, los cristianos son llamados a *adornar* el evangelio con acciones (Tito 2:10), pero nuestras acciones no son el evangelio. Ninguna cantidad de obras rectas pueden reemplazar la necesidad de proclamar verbalmente lo que Dios logró a través de Cristo.

Este ha sido un libro sobre *prepararse* para la evangelización, más que sobre la tarea en sí. (Hay muchos libros excelentes sobre el tema; ver mi lista de recomendaciones al final).

Sin embargo, este librito estaría incompleto sin este capítulo. Después de todo, alguien podría dominar todo lo que hemos hablado (captar el evangelio, revisar su contexto, amar a los perdidos y enfrentar sus temores), y aun así nunca *hablar*. La «preevangelización» es vital, pero el prefijo está ahí por algo. No es la cuestión en sí. Por cierto, si no tenemos cuidado, podemos preevangelizar a las personas hacia el infierno.[35]

## LA PRIMERA CONVERSACIÓN

Si tienes miedo de compartir tu fe, no estás solo. Los primeros cristianos también tenían miedo. No eran héroes de historietas; hombres y mujeres de valentía y fuerza sobrehumanas. Eran personas comunes y corrientes, como nosotros.

En Hechos 4, a Pedro y a Juan los arrestaron y les advirtieron que dejaran de hablar el nombre de Cristo «a fin de que no se divulgue más entre el pueblo» (v. 17). Después de que los liberaran y de que volvieran a su familia espiritual, ¿por qué oró la asamblea estremecida? «Ahora, Señor, considera sus amenazas, y permite que Tus siervos hablen Tu palabra con toda confianza» (v. 29).

El apóstol Pablo, que escribió un tercio del Nuevo Testamento, ministró a los paganos corintios «con debilidad y con temor y mucho temblor» (1 Cor. 2:3). Y concluyó su carta a los efesios pidiendo oración por algo específico:

> *Oren también por mí, para que me sea dada palabra al abrir mi boca, a fin de dar a conocer sin temor el misterio del evangelio, por el cual soy embajador en cadenas; que al proclamarlo hable sin temor, como debo hablar.* (Ef. 6:19-20)

En la ponderosa misión de la evangelización, la oración nunca debe ser una idea tardía. No es un lindo accesorio ni algo opcional. Es central para la misión y crítica para la tarea. Después de todo, estamos en una guerra.

El enemigo es real. Hay mucho en juego. Los destinos eternos penden de un hilo.

Es maravilloso saber que servimos al comandante en jefe supremo, soberano en los cielos. Es incluso mejor saber que podemos hablar con Él.

Pero ¿lo hacemos?

Puede ser incómodo admitirlo, pero nuestra falta de oración revela nuestro orgullo. H. B. Charles lo expresa de manera simple:

> *La oración es posiblemente la medida más objetiva de nuestra dependencia de Dios. Piénsalo de esta manera. Aquello por lo que oras es lo que le confías a Dios para que Él lo maneje. Las cosas por las que no oras son aquellas que confías que tú mismo puedes manejar.*[36]

Cuando no oramos, no solo estamos descuidando una disciplina espiritual.[37] Es mucho más serio que eso. Nos estamos dando un ascenso que no merecemos. Nos estamos atreviendo a jugar el papel de Dios.

## OREN JUNTOS

La oración privada no es nada menos que una cuerda de rescate hacia nuestro Padre celestial.

La mayoría ya lo sabe. Pero así como subestimamos el valor de la evangelización colectiva, me temo que subestimamos igualmente el valor de la oración colectiva. En una era radicalmente individualista, creo que es hora de *congregacionalizar* nuestra vida de oración.

> **CUANDO NO ORAMOS, NOS ESTAMOS DANDO UN ASCENSO QUE NO MERECEMOS.**

La oración se menciona veintiuna veces en el libro de Hechos. Es interesante que, cuando aparece, es abrumadoramente pública y colectiva. Una de mis cosas preferidas de mi propia iglesia es la reunión semanal de oración, que suele concentrarse en pedidos de evangelización. Sí, puede ser difícil permanecer atento al final de un largo día. Pero tal vez no debería sorprendernos demasiado que nos cueste concentrarnos. Después de todo, los poderes satánicos también vienen a las reuniones de oración y se esfuerzan por sabotear nuestra concentración a toda costa; aun si tan solo sentimos hambre o si nuestra lista de cosas por hacer nos distrae. Pero aquí tienes otro factor más sencillo: la oración no está diseñada para ser entretenida. Esto no cuadra con una cultura que nos ha formado para que seamos adictos a imágenes y pantallas, curiosidades fascinantes y resultados inmediatos. ¡Con razón la oración puede parecer un trabajo duro! Así que, al abordar la evangelización sabiendo que necesitas el poder del cielo, tal vez sea el momento de apoyarte en la vida de oración de tu congregación.

No supongas que esto es solo para tu beneficio. Orar con tu iglesia es una profunda declaración de amor. ¿Cómo? Megan Hill lo explica en su excelente libro *A Place to Belong* [Un lugar al cual pertenecer]:

> *Una reunión de oración en una iglesia no parece la gran cosa. Un grupo de personas que pasan una hora con los ojos cerrados y se turnan para hablar con un Dios invisible probablemente no atraiga los aplausos del mundo. En el mejor de los casos, parece un ritual pintoresco. En el peor de los casos, una absoluta tontería. [...] La gente del mundo desestima nuestras intercesiones sin prestarles demasiada atención. Pero aunque no lo saben, la iglesia que ora es su mejor amiga. La gente que camina*

*en oscuridad no tiene mejor aliado que un grupo de creyentes de rodillas, unidos en la obra de clamar para que la luz de Cristo ilumine sus almas inmortales.*[38]

Como pueblo de Dios extendemos Su reino de rodillas. En cuanto a la evangelización, una iglesia fiel es una iglesia que ora.

Se ha dicho que los dos privilegios más grandes de la vida son hablar a Dios a favor de otros y hablarles a otros a favor de Dios. Y ese es el orden adecuado: después de haber hablado con el Señor sobre los perdidos, es hora de que les hablemos a los perdidos sobre el Señor.

## HABLA CON ESE EXTRAÑO

En el capítulo 3 observamos algunos de los peligros inherentes a la «evangelización de contacto»: sacar conversaciones sobre el evangelio con extraños. Entre otras cosas, puede tentarnos a tratar a las personas como proyectos. Construir una amistad con un no creyente (y hacerse el tiempo para ganar su confianza) casi siempre es preferible. Pero la vida es breve y somos finitos. Sencillamente no es posible hacerse amigo de la gran mayoría de no creyentes que conocemos. Sin embargo, es posible buscar incursiones espirituales en la vida cotidiana.

Cuando estaba en la universidad, mi ministerio en el campus a menudo enfocaba sus esfuerzos evangelizadores alrededor de la evangelización de contacto. Esto a veces producía muecas de desaprobación por parte de los que apoyaban solo una evangelización por amistades y pensaban que nuestro enfoque era frío, impersonal y engañoso.

Por supuesto, se puede hacer abuso de cualquier cosa buena, y la evangelización de contacto sin duda puede terminar siendo fría e infructuosa. Pero no tiene por qué ser así. Es más, este método se muestra explícitamente en la Escritura.

En Juan 4, por ejemplo, Jesús empieza una conversación con una mujer que estaba junto a un pozo. No solo era una completa extraña, sino que era alguien que «debía» evitar, por ser una mujer y una samaritana (dos cuestiones en contra). Sin embargo, Jesús se esforzó por encontrarse con ella, y transformó su conversación «natural» sobre el agua en una «espiritual» sobre Él mismo. Tampoco perdió mucho tiempo para pasar de «Dame de beber» (v. 7) a «Si tú conocieras el don de Dios, y quién es el que te dice: "Dame de beber", tú le habrías pedido a Él, y Él te hubiera dado agua viva» (v. 10) en apenas tres versículos.

La estrategia de Jesús aquí no es una anomalía en el Nuevo Testamento. La iglesia primitiva también practicaba la evangelización de contacto:

> *Y todos los días, en el templo y de casa en casa, no cesaban de enseñar y proclamar el evangelio de Jesús como el Cristo.* (Hech. 5:42)

> *El día de reposo salimos fuera de la puerta, a la orilla de un río, donde pensábamos que habría un lugar de oración. Nos sentamos y comenzamos a hablar a las mujeres que se habían reunido.* (Hech. 16:13)

> *[Pablo] discutía en la sinagoga con los judíos y con los gentiles temerosos de Dios, y diariamente en la plaza con los que estuvieran presentes.* (Hech. 17:17)

Los primeros cristianos estaban ansiosos por iniciar conversaciones sobre el evangelio con personas «al azar», con quienesquiera que su Dios soberano les pusiera en el camino (Prov. 16:9; 20:24).

En tu día a día mantente alerta. Pídele al Señor que arregle «encuentros divinos» e imprevistos que tal vez te resulten una coincidencia, pero que siempre estuvieron en los planes de Dios. Algunas de mis mejores conversaciones sobre el evangelio a través de los años no fueron planeadas... por mí. Pero Dios tiene un calendario propio, y se deleita en organizar encuentros que elongan y fortalecen nuestros músculos de la fe, para el bien de los perdidos y la gloria de Su nombre.

> ALGUNAS DE MIS MEJORES CONVERSACIONES SOBRE EL EVANGELIO A TRAVÉS DE LOS AÑOS NO FUERON PLANEADAS... POR MÍ. PERO DIOS TIENE UN CALENDARIO PROPIO.

## RESPONDE SUS PREGUNTAS, CUESTIONA SUS RESPUESTAS

En el capítulo 3 observamos la importancia de hacer buenas preguntas (inquiriendo acerca de las historias de vida de la gente, sus esperanzas y sus dudas), y luego escuchar con plena atención. Tales conversaciones suelen evocar preguntas espirituales.

Pero en algún momento, debemos ir más allá de simplemente responder las preguntas de los no creyentes; también debemos cuestionar sus respuestas.[39] Porque, aunque un escéptico moderno no entra por lo general a una conversación sobre el evangelio «provisto» de verdad bíblica, su mente no está vacía. Hay ideas por todas partes, bien usadas, cómodas y apreciadas; pero que sencillamente están fuera de lugar.

> **DEBEMOS IR MÁS ALLÁ DE SIMPLEMENTE RESPONDER LAS PREGUNTAS DE LOS NO CREYENTES; TAMBIÉN DEBEMOS CUESTIONAR SUS RESPUESTAS.**

Todas las personas tienen alguna visión de la «buena vida», y cierta idea de cómo alcanzarla (o la razón por la que no la alcanzan). Ya sea que la ambición motivadora sea el avance profesional, la satisfacción sexual, la estabilidad financiera, el capital social, la familia de ensueño o algo totalmente distinto, la Biblia es clara en cuanto a que buscamos vida en cosas que no pueden dárnosla. Recuerdo la invitación extensiva de Dios (y Su pregunta indagadora) en los primeros versículos de Isaías 55:

*Todos los sedientos, vengan a las aguas;*
*y los que no tengan dinero, vengan,*
*compren y coman.*
*Vengan, compren vino y leche*
*sin dinero y sin costo alguno.*
*¿Por qué gastan dinero en lo que no es pan,*
*y su salario en lo que no sacia?* (vv. 1-2)

Tal vez tu mente se dirige a otros pasajes:

*Espántense, oh cielos, por esto,*
*y tiemblen [...], declara el Señor.*
*Porque dos males ha hecho Mi pueblo:*
*me han abandonado a Mí,*
*fuente de aguas vivas,*

*y han cavado para sí cisternas,*
  *cisternas agrietadas que no retienen el agua.*
(Jer. 2:12-13)

*Los que siguen a ídolos vanos abandonan*
  *el amor de Dios.* (Jon. 2:8, NVI)

*[Una mujer que sangraba se acercó a Jesús para que la sanara, porque durante doce largos años] había sufrido mucho a manos de muchos médicos, y había gastado todo lo que tenía sin provecho alguno, sino que al contrario, había empeorado.* (Mar. 5:26)

Cada alma en el universo está en busca de alguna clase de festín, alguna receta para la vida y el gozo.

En Isaías 55, Dios está diciendo, en esencia: «Si no es en mi mesa del banquete —si no soy *yo*—, entonces estás empobreciendo tu vida y matando de hambre tu alma».

De todas las imágenes que Dios podría haber usado en Isaías 55:2, ¿por qué el malgasto de dinero? Sospecho que se debe a que los dioses falsos siempre te hacen pagar, siempre tienen un costo, y en última instancia, siempre desilusionan. Al explicarle esto a un no creyente, no estás sobre un balcón de superioridad, hablándole desde arriba como si fuera un idólatra empedernido. En cambio, te pones a su lado, ¡y le aseguras que todavía no te has graduado del poder de la idolatría! Incluso los cristianos se convencen de que *este* pecado, *esta* vez es manejable, como si nos estuviéramos inscribiendo en una prueba gratis. *Claro que hay cierto riesgo*, pensamos. *Podría olvidarme de cancelar la suscripción. Pero vale la pena el riesgo porque probablemente no me olvide y, mientras tanto, tendré acceso a todo esto.* Así es como tratamos a los dioses falsos y los salvadores sustitutos. Suponemos que podemos meternos un poquito por aquí y manejar otro poquito por allá. Mientras tanto, nos metemos cada vez más hondo en deudas, con un interés que se acumula y rendimientos decrecientes.

Entonces, para entender la insensatez de un ídolo, debes reconocer su etiqueta de precio equivocada. Crees que estás consiguiendo una ganga; en realidad, el ídolo vale mucho menos de lo que piensas y te costará mucho más de lo que puedas pagar. Pero los ídolos se dedican a la publicidad falsa. Son traficantes de esclavos disfrazados de abolicionistas.[40] Prometen liberarte; pero si los escuchas con atención, puedes oír el sonido de las cadenas.

Entonces, en una conversación sobre el evangelio, no permitas que un no creyente establezca la agenda. Responde sus preguntas, pero no te detengas ahí. Cuestiona también sus respuestas. Y que no te sorprenda si encuentras algún ídolo querido merodeando debajo de la superficie.

## APROVECHA LA OPORTUNIDAD

En el capítulo anterior mencioné que no deberíamos esperar la situación *perfecta* para hablar de Cristo. Pablo no se quedaba sentado esperando que la gente se le acercara, que entrara a su mundo y su zona de confort, antes de animarse a abrir la boca. A menudo oramos, y soñamos y *esperamos* (enjuague y repita), pero nunca actuamos. Nos encanta 1 Pedro 3:15, acerca de vivir de tal manera que la gente nos pida que le demos una razón de nuestra esperanza; pero ¿vivimos como si ese fuera el único versículo sobre evangelización en la Biblia? No me malinterpretes: es genial si alguien se te acerca y te pide escuchar la verdad. Sin embargo, si demoras la audacia hasta ese momento, no tendrás muchas oportunidades de evangelizar en tu vida.

Así que, una vez más, no arrastremos los pies esperando la situación «ideal». Por ejemplo, si eres un padre en el parque, rodeado de niños ruidosos, no es un ambiente ideal. Pero es donde Dios te ha colocado. ¿Por qué no aprovechar al máximo el momento? Cuando nos concentramos en las oportunidades que *tenemos*, y no en las que quisiéramos tener, invitamos al Espíritu Santo a lograr Su especialidad, y hacer «mucho más abundantemente de lo que pedimos o entendemos, según el poder que obra en nosotros» (Ef. 3:20).

Recuerdo un ingenioso comentario de Mack Stiles: «No es que la evangelización se haya intentado y haya resultado deficiente, sino que se le ha considerado difícil y no se ha hecho el intento».[41] Tiene razón. En un sentido muy real, el mayor obstáculo para la evangelización no son los incrédulos, ni siquiera el mismo Satanás. El mayor obstáculo para la evangelización son los cristianos que no predican el evangelio.

> **EL MAYOR OBSTÁCULO PARA LA EVANGELIZACIÓN SON LOS CRISTIANOS QUE NO PREDICAN EL EVANGELIO.**

Y hay algo interesante: la mayoría de los perdidos que conozcas (probablemente, a la mayor parte ya la conoces) nunca han rechazado el evangelio. Eso es porque, en realidad, nunca lo han escuchado. Sí, han rechazado lo que *creen* que es el evangelio. Pero si le pides al común de la gente por la calle que lo explique, no escucharás Efesios 2:8-9 con su rica declaración de salvación por gracia a través de la fe. Probablemente escuches alguna versión de moralismo, o te digan que han sido «una persona decente».

> **LA MAYORÍA DE LOS PERDIDOS EN REALIDAD NUNCA HA RECHAZADO EL EVANGELIO. ESO ES PORQUE NUNCA LO HAN ESCUCHADO.**

Sin embargo, Dios te ha puesto en sus vidas, en este lugar y momento específicos (Hech. 17:26) con una razón. Aun si les comunicas el evangelio y lo rechazan, es una victoria. Hubo progreso, porque al menos ahora por fin estarán rechazando algo real y no una falsificación. ¿Por qué no levantar la voz para aclarar la verdad y darles la oportunidad (una oportunidad real) de abrazar el mensaje más malinterpretado de todos los tiempos?

## CUIDADO CON TU FOCO

En su libro *Word-Centered Church* [La iglesia centrada en la Palabra], Jonathan Leeman relata la siguiente historia:

> *Un grupo de cristianos estadounidenses en el siglo XIX planeaban visitar Londres una semana. Sus amigos, entusiasmados por la oportunidad, los animaron a ir a escuchar a dos predicadores famosos de Londres y traer un informe al respecto.*
>
> *El domingo por la mañana después de su llegada, los estadounidenses asistieron a la iglesia de Joseph Parker. Descubrieron que su reputación de oratoria elocuente era bien merecida. Uno exclamó después del servicio: «¡Declaro ahora, y debe decirse, porque no hay lugar a dudas, que Joseph Parker es el predicador más grande que ha existido!».*
>
> *El grupo quería regresar a la noche a escuchar otra vez a Parker, pero recordaron que sus amigos les preguntarían sobre otro predicador llamado Charles Spurgeon.*

*Así que, el domingo por la noche, asistieron al Tabernáculo Metropolitano, donde predicaba Spurgeon. El grupo no estaba preparado para lo que escuchó, y cuando se iban, uno de ellos exclamó: «¡Declaro ahora, y debe decirse, porque no hay lugar a dudas, que Jesucristo es el Salvador más grande que ha existido!».[42]*

Lo que es cierto de la predicación también es cierto de la evangelización. Hay un viejo himno de Kate Wilkinson, cuyo último verso dice:

*Que Su belleza descanse sobre mí,
Mientras busco a los perdidos ganar;
Que ellos olviden el canal,
Para verlo solo a Él.*[43]

El factor más importante no es nuestra oratoria ni entrenamiento ni inteligencia, sino el Salvador al cual señalamos. Mantengamos el foco en Él y observemos cómo Su gracia transforma los corazones.

## A DIOS LE ENCANTA SALVAR

No olvides jamás que a Dios le encanta salvar a los pecadores. Es cierto, ¡le encanta! Es algo que le apasiona. Por eso lo hace tan a menudo. En el primer libro de la Biblia, para ayudar a Abraham a visualizar el alcance de sus hijos espirituales, Dios no señala a una arboleda o una pila de piedras.

**NO OLVIDES JAMÁS QUE A DIOS LE ENCANTA SALVAR A LOS PECADORES.**

> *El Señor lo llevó fuera [a Abram], y le dijo:
> «Ahora mira al cielo y cuenta las estrellas, si te es
> posible contarlas». Y añadió: «Así será tu descendencia».* (Gén. 15:5)

> *De cierto te bendeciré grandemente, y multiplicaré
> en gran manera tu descendencia como las estrellas
> del cielo y como la arena en la orilla del mar...*
> (Gén. 22:17)

Estrellas y arena... hasta donde llega la mirada humana. Este no es un Dios que mezquina la misericordia.

En efecto, el último libro de la Biblia descorre la cortina para permitirnos vislumbrar el cumplimiento de esta promesa. El apóstol Juan se maravilla:

> *Después de esto miré, y vi una gran multitud, que
> nadie podía contar, de todas las naciones, tribus,
> pueblos, y lenguas, de pie delante del trono y delante
> del Cordero...* (Apoc. 7:9)

A menudo nos concentramos en la diversidad multiétnica y multicultural de esta multitud, la cual realmente es gloriosa. Pero no pasemos por alto su *tamaño*. Hay demasiadas personas como para que cualquier mortal pueda contarlas, dice Juan. Cada una tiene una historia única. Y cada una está presente alrededor del trono porque, una vez, un cristiano común y corriente reunió el valor para hablarles del Cordero sacrificado.

Dios es mucho más misericordioso que tú y yo, y tiene un corazón mucho más generoso. Y lo que esto significa, sorprendentemente, es que la disposición de Dios para salvar a los pecadores es mucho mayor que la disposición de los pecadores a ser salvos (comp. Ezeq. 33:11; 2 Ped. 3:9).[44]

Recuerda: la evangelización no es convertir a las personas. La evangelización fiel es simplemente tomar la iniciativa para compartir a Cristo, en el poder del Espíritu Santo, y luego dejarle los resultados a Dios.[45]

> LA EVANGELIZACIÓN NO ES CONVERTIR A LAS PERSONAS. ES SIMPLEMENTE TOMAR LA INICIATIVA PARA COMPARTIR A CRISTO, EN EL PODER DEL ESPÍRITU SANTO, Y LUEGO DEJARLE LOS RESULTADOS A DIOS.

¡Oh, cómo esto debería armarnos de valor con confianza, entusiasmo y *esperanza* mientras cumplimos la sagrada tarea de compartir nuestra fe!

# Conclusión

## *La motivación más alta*

**Hace varios años atrás** asistí a una conferencia del ministerio, con fervor evangelizador y seguridad teológica. En un momento, uno de los oradores nos desafió: «Quiero que todos escriban la respuesta a esta pregunta: ¿Cuál es la motivación más grande para testificar a otros?».

Evalué las opciones en mi mente. *¿Obediencia a Jesús? Nah, demasiado simple. ¿Servicio a la iglesia? Nop, demasiado imperativo. ¿Gozo para el evangelista? Tal vez muy egoísta. Ah, ya sé...*

Garabateé mi respuesta: «Amor para los perdidos», y me recliné en mi silla, esperando que los demás terminaran. Después de unos momentos, el orador volvió a la plataforma y preguntó qué habíamos escrito. Mientras las respuestas empezaban a surgir, escuché la mía y sonreí. Me senté derecho. Él la reventó como si fuera un globo: «El amor por los perdidos es una motivación muy importante, pero no creo que sea la suprema».

Entonces, alguien dijo: «¡La gloria de Dios!».

«Sí», respondió el orador. «Nada en este mundo debería motivarnos más que esto».

Aunque no es una historia profunda, para mí, con veinticuatro años de edad en ese momento, fue una bomba sorprendente. La respuesta correcta ni siquiera se me había cruzado por la mente.

No terminemos este libro apenas mirando un horizonte humano. Porque el eje más fundamental en la evangelización es vertical. John Stott lo capta bien:

> *La mayor [motivación evangelizadora] no es la obediencia a la Gran Comisión (por más importante que sea) ni el amor por los pecadores que están alejados y pereciendo (por más fuerte que sea este incentivo, especialmente, si contemplamos la ira de Dios), sino el celo —un celo ardiente y apasionado— por la gloria de Jesucristo. [...] Solo un imperialismo es cristiano [...] y es el interés por Su imperial majestad Jesucristo, y por la gloria de Su imperio.*[46]

La razón suprema por la cual cruzamos culturas (y cruzamos la calle) con el evangelio no es el amor por las personas, sino el amor por *Dios*. Observa el orden, por ejemplo, en el Salmo 67:

> *Te den gracias los pueblos, oh Dios, todos los pueblos te den gracias.* (v. 3)
>
> *Alégrense y canten con júbilo las naciones...* (v. 4)
>
> *Te den gracias los pueblos, oh Dios, todos los pueblos te den gracias.* (v. 5)

El versículo del medio es importante, pero los dos que lo rodean son de suprema importancia. El gozo de los pueblos brota de la alabanza a Dios.

La gloria de Dios como nuestra motivación suprema también se traslada al Nuevo Testamento. En las palabras del apóstol Pedro:

> *Pero ustedes son linaje escogido, real sacerdocio, nación santa, pueblo adquirido para posesión de Dios, a fin de que anuncien las virtudes de Aquel*

*que los llamó de las tinieblas a Su luz admirable.*
(1 Ped. 2:9)

Nuestro objetivo más alto, según Pedro, es magnificar el valor de Dios al declarar la maravilla de nuestra salvación. De manera similar, Pablo, en el pasaje que consideramos en el capítulo 4 sobre la obra cegadora de Satanás y la obra iluminadora del Espíritu, sigue diciendo: «Pero tenemos este tesoro en vasos de barro, para que la extraordinaria grandeza del poder sea de Dios y no de nosotros» (2 Cor. 4:7). El tesoro es el evangelio; nosotros somos tan solo las vasijas de barro que lo contienen. Piénsalo: si el tesoro estuviera contenido en algo hermoso (como porcelana fina) o algo fuerte (como el hierro), sería fácil que alguien llegara a la conclusión de que cualquier «extraordinaria grandeza» aparente nos pertenece a *nosotros* y no a Dios. Pero no somos contenedores impresionantes. No somos hierro y no somos porcelana fina. Somos vasos de barro, frágiles y simples.

> **NUESTRA INSUFICIENCIA NO ES UNA DESVENTAJA... ES EL PROPÓSITO. LA DEBILIDAD QUE SENTIMOS ES UNA PLATAFORMA PARA QUE EL PODER DE CRISTO BRILLE.**

Creyentes, en nuestro interior hay una noticia que vale más que todas las joyas en la tierra. Por dondequiera que vamos, transportamos un tesoro. Nuestra insuficiencia no es una desventaja... *es el propósito*. Porque la debilidad que sentimos es una plataforma para que el poder de Cristo brille.

O considera una vez más la visión de Juan, como se relata en el último libro de la Biblia:

*Y cantaban un cántico nuevo, diciendo:*

*«Digno eres de tomar el libro y de abrir sus sellos, porque Tú fuiste inmolado, y con Tu sangre compraste para Dios a gente de toda tribu, lengua, pueblo y nación. Y los has hecho un reino y sacerdotes para nuestro Dios; y reinarán sobre la tierra».*
(Apoc. 5:9-10)

Es difícil imaginar un propósito más grande para cualquiera que ser rescatado del pecado y reinar para siempre en un mundo reconstituido. Sin embargo, *sí* hay un propósito más grande. Por más brillantes que sean estas realidades, son como música de fondo para el mayor éxito de la eternidad: «Digno eres [...] porque Tú fuiste inmolado». La redención de un creyente es infinita en belleza, inmensa en alcance, eterna en duración, y sin embargo... mucho más. Porque, por encima de todo, pretende magnificar algo *principal*: el renombre de Dios. No es de extrañar que, después de vislumbrar esta multitud diversa, el foco cambie drásticamente desde nosotros a alguien mayor:

*Y oí decir a toda cosa creada que está en el cielo, sobre la tierra, debajo de la tierra y en el mar, y a todas las cosas que en ellos hay:*

*«Al que está sentado en el trono, y al Cordero, sea la alabanza, la honra, la gloria y el dominio por los siglos de los siglos».* (Apoc. 5:13)

En su clásico libro sobre las misiones mundiales, John Piper comienza con una observación impactante.

Sencillamente, reemplacé «misiones» por «evangelización». Medita en la trascendencia de estas palabras:

> *La evangelización no es el objetivo último de la Iglesia. El objetivo último es la adoración. La evangelización existe porque no hay adoración. La adoración es el objetivo último, y no la evangelización, porque Dios es la realidad última, no el hombre. Cuando esta era se acabe, y los millones de redimidos se postren ante el trono de Dios, la evangelización dejará de existir. Es una necesidad temporal. Pero la adoración permanece para siempre.*[47]

Mientras nos sumergimos en el privilegio de compartir nuestra fe, que los árboles no nos impidan ver el bosque. No es la *obra* de evangelización, sino la *adoración en* la evangelización lo que más importa. Es peligrosamente fácil dejarse llevar por las buenas estrategias para captar el evangelio, revisar nuestro contexto, amar a los perdidos y enfrentar nuestros temores, y empezar a hablar, que perdemos de vista, en algún momento en el camino, al Dios que es la razón de todo esto.

La evangelización tiene una fecha de vencimiento. Pero la visión de Juan anuncia una celebración que no terminará jamás. Los pecadores perdonados se deleitarán en el *evangelio* —la buena noticia de Cristo— para siempre y por siempre en una nueva tierra. Como un acto de adoración a tu Rey, ¿a quién invitarás?

# Apéndice

## *Doce versículos para combatir el miedo*

**No debería sorprendernos que** la Palabra de Dios esté repleta de versículos que hablan directamente a una de nuestras tendencias dominantes: el temor. Aquí tenemos doce pasajes bíblicos que han probado ser particularmente útiles para mí a la hora de abordar la evangelización. ¿Qué pasaría si memorizaras uno por semana durante los próximos tres meses? ¿Qué haría esto para fortalecer tu corazón, calmar tus temores, ayudarte a hablar la verdad en amor? Como Pablo le dijo a Timoteo: «Toda Escritura es inspirada por Dios y útil […] para instruir en justicia, a fin de que el hombre de Dios sea perfecto, equipado para toda buena obra» (2 Tim. 3:16-17). *Toda buena obra.* Compartir nuestra fe no es ninguna excepción.

## SALMOS 56:3-4

*El día en que temo,*
 *yo en Ti confío.*
*En Dios, cuya palabra alabo,*
 *en Dios he confiado, no temeré.*
*¿Qué puede hacerme el hombre?*

## PROVERBIOS 29:25

*El temor al hombre es un lazo,*
*    pero el que confía en el Señor estará seguro.*

## ISAÍAS 8:12-13

*[No] teman lo que ellos temen, ni se aterroricen. Al Señor de los ejércitos es a quien ustedes deben tener por santo. Sea Él su temor, y sea Él su terror.*

## ISAÍAS 41:10

*No temas, porque Yo estoy contigo;*
*no te desalientes, porque Yo soy tu Dios.*
*Te fortaleceré, ciertamente te ayudaré,*
*sí, te sostendré con la diestra de Mi justicia.*

## JUAN 15:5

*Yo soy la vid, ustedes los sarmientos; el que permanece en Mí y Yo en él, ese da mucho fruto, porque separados de Mí nada pueden hacer.*

## HECHOS 18:9-10

*Por medio de una visión durante la noche, el Señor dijo a Pablo: «No temas, sigue hablando y no calles; porque Yo estoy contigo, y nadie te atacará para hacerte daño, porque Yo tengo mucha gente en esta ciudad».*

## ROMANOS 1:16

*Porque no me avergüenzo del evangelio, pues es el poder de Dios para la salvación de todo el que cree, del judío primeramente y también del griego.*

## 1 CORINTIOS 2:1-5

*Por eso, cuando fui a ustedes, hermanos, proclamándoles el testimonio de Dios, no fui con superioridad de palabra o de sabiduría. Porque nada me propuse saber entre ustedes excepto a Jesucristo, y Este crucificado. Estuve entre ustedes con debilidad y con temor y mucho temblor, y mi mensaje y mi predicación no fueron con palabras persuasivas de sabiduría, sino con demostración del Espíritu y de poder, para que la fe de ustedes no descanse en la sabiduría de los hombres, sino en el poder de Dios.*

## 2 CORINTIOS 3:5

*No que seamos suficientes en nosotros mismos para pensar que cosa alguna procede de nosotros, sino que nuestra suficiencia es de Dios.*

## GÁLATAS 1:10

*Porque ¿busco ahora el favor de los hombres o el de Dios? ¿O me esfuerzo por agradar a los hombres? Si yo todavía estuviera tratando de agradar a los hombres, no sería siervo de Cristo.*

## 1 TESALONICENSES 2:3-4

*Pues nuestra exhortación no procede de error ni de impureza ni es con engaño, sino que así como hemos sido aprobados por Dios para que se nos confiara el evangelio, así hablamos, no como agradando a los hombres, sino a Dios que examina nuestros corazones.*

## 2 TIMOTEO 1:7

*Porque no nos ha dado Dios espíritu de cobardía, sino de poder, de amor y de dominio propio.*

# *Recursos recomendados*

## SIETE LIBROS DE APOLOGÉTICA CULTURAL

- Timothy J. Keller, *How to Reach the West Again: Six Essential Elements of a Missionary Encounter* [Cómo volver a alcanzar a Occidente: Seis elementos esenciales de un encuentro misionero] (Redeemer City to City, 2020)
- Timothy Keller, *Una fe lógica: Usando la razón para creer en Dios* (B&H Español, 2017)
- Rebecca McLaughlin, *Confronting Christianity: 12 Hard Questions for the World's Largest Religion* [Confrontación al cristianismo: doce preguntas difíciles para la religión mundial más grande] (Crossway, 2019)
- Rebecca McLaughlin, *El credo secular: Respuestas a cinco argumentos contemporáneos* (B&H Español, 2022)
- Joshua Chatraw, *Telling a Better Story: How to Talk about God in a Skeptical Age* [Cuenta una historia mejor: Cómo hablar de Dios en una era de escepticismo] (Zondervan, 2020)
- Gavin Ortlund, *Why God Makes Sense in a World That Doesn't: The Beauty of Christian Theism* [Por qué Dios tiene sentido en un

mundo que no lo tiene: La belleza del teísmo cristiano] (Baker Academic, 2021)
- Mark Dever y Jamie Dunlop, *La comunidad atractiva: Donde el poder de Dios hace a una iglesia atrayente* (9Marks, 2017)

## DIEZ LIBROS SOBRE EVANGELIZACIÓN

- Isaac Adams, *What If I'm Discouraged in My Evangelism?* [¿Qué pasa si me desanimo en la evangelización?] (Crossway, 2020)
- J. I. Packer, *El evangelismo y la soberanía de Dios* (Publicaciones Faro de Gracia, 2019)
- Mack Stiles, *Marks of the Messenger: Knowing, Living, and Speaking the Gospel* [Las marcas de un mensajero: Cómo conocer, vivir y hablar el evangelio] (InterVarsity, 2010)
- Mack Stiles, *Evangelismo: Cómo toda la iglesia habla de Jesús* (B&H Español, 2015)
- Mark Dever, *El evangelio y la evangelización personal* (Publicaciones Faro de Gracia, 2019)
- Will Metzger, *Tell The Truth: The Whole Gospel Wholly by Grace Communicated Truthfully and Lovingly* [Di la verdad: Todo el evangelio completamente por gracia comunicado con verdad y amor] (Cuarta edición: InterVarsity, 2012)
- Randy Newman, *Questioning Evangelism: Engaging People's Hearts the Way Jesus Did* [Cuestionar la evangelización: Cómo captar el corazón de la gente como lo hacía Jesús] (Segunda edición: Kregel, 2017)
- Rebecca Manley Pippert, *Sal: En un mundo cambiante, el evangelio sigue siendo relevante* (Editorial Andamio, 2021)

- Sam Chan, *Evangelism in a Skeptical World: How to Make the Unbelievable News about Jesus More Believable* [La evangelización en un mundo escéptico: Cómo hacer que la noticia increíble sobre Jesús sea más creíble] (Zondervan, 2018)
- Elliot Clark, *Evangelism as Exiles: Life on Mission as Strangers in Our Own Land* [La evangelización como exiliados: La vida en misión como extraños en nuestra propia tierra] (The Gospel Coalition, 2019)

# NOTAS

## INTRODUCCIÓN
## NO ES EL TÍPICO LIBRO SOBRE EVANGELIZACIÓN

1. Matt Smethurst, *Before You Open Your Bible: Nine Heart Postures for Approaching God's Word* (10Publishing, 2019).
2. Edward T. Welch, *When People Are Big and God Is Small: Overcoming Peer Pressure, Codependency, and the Fear of Man* (P&R, 1997).

## ENTIENDE EL EVANGELIO

3. La encarnación fue el cumplimiento de siglos de promesas; de anhelos y esperanzas acumulados. Jesús es la simiente de la mujer que herirá a la serpiente (Gén. 3:15), el hijo de Abraham (Gén. 12:1-3), el hijo de David (2 Sam. 7:14), y el tan esperado Rey siervo de Israel (Isa. 52:13–53:12).
4. Stuart Townend, «*How Deep the Father's Love for Us*» (1990).
5. Agradezco a Matt Chandler por esta distinción. Ver *The Explicit Gospel* (reimpreso por Crossway, 2014).

6   Para un enfoque abrumador de la naturaleza trina y el amor paternal de Dios, ver Michael Reeves, *Delighting in the Trinity: An Introduction to the Christian Faith* (IVP Academic, 2012).

7   Aunque es difícil determinar la fuente original, esta afirmación y la idea anterior de «traición cósmica» se atribuyen comúnmente a R. C. Sproul.

8   Escuché esto en un sermón de Tommy Nelson, pastor de larga data de Denton Bible Church en Denton, Texas, aunque también aparece en Sinclair Ferguson, *Devoted to God: Blueprints for Sanctification* (Banner of Truth, 2016), pág. 178.

9   Richard Sibbes, *The Bruised Reed* (1630; reimp. por Banner of Truth, 1998), pág. 13.

10  John Stott, *La cruz de Cristo* (Barcelona, España: Ediciones Certeza, 1996), pág. 180.

11  Partes de este párrafo están tomadas de Matt Smethurst, *«Is There Proof of Heaven?»* (The Gospel Coalition, 6 de abril de 2016). Disponible en https://www.tgc.org/article/is-there-proof-of-heaven.

12  Como observa Sinclair Ferguson: «La fe siempre será penitente; el arrepentimiento siempre será creyente». Ver *The Whole Christ: Legalism, Antinomianism, and Gospel Assurance—Why the Marrow Controversy Still Matters* (Crossway, 2016), pág. 104, nota 17.

## EXAMINA TU CONTEXTO

13  Ver el librito de Timothy J. Keller, *How to Reach the West Again: Six Essential Elements of a Missionary Encounter* (Redeemer City to City, 2020).

14 Martín Lutero, *On the Freedom of a Christian* (1520).

15 La obra de Randy Newman es útil en este aspecto. Ver, por ejemplo, *Questioning Evangelism: Engaging People's Hearts the Way Jesus Did* (Segunda edición: Kregel, 2017).

16 John Piper, «*Preaching as Concept Creation, Not Just Contextualization*» (Desiring God, 10 de abril de 2008). Disponible en https://www.desiringgod.org/articles/preaching-asconcept-creation-not-just-contextualization.

17 C. S. Lewis, *Cristianismo... ¡y nada más!* (Miami, FL: Editorial Caribe, 1977), pág. 59.

18 El consejo de Tim Keller para los predicadores se aplica a cualquier creyente que lleve adelante un estudio bíblico evangelizador: «Una manera de predicar con un foco centrado en Cristo es encontrar maneras de identificar "piezas" del evangelio que solo Cristo puede resolver (temas), recibir (ley), completar (historias) o cumplir (símbolos)». Ver notas del curso de Timothy J. Keller, «*Preaching the Gospel in a Postmodern World*» (Programa de Doctorado en Ministerio del Reformed Theological Seminary, enero de 2002), pág. 35. Disponible en servantofmessiah.org/wp-content/uploads/2015/09/Timothy-Keller-Preaching-the-Gospel-in-a-Post-ModernWorld-Rev-2002.pdf.

19 Ver, por ejemplo, Timothy J. Keller, *Encounters with Jesus: Unexpected Answers to Life's Biggest Questions* (Viking, 2013), pág. 38.

## AMA AL PERDIDO

20 Esta sección está adaptada, en parte, de Matt Smethurst, «*3 Ways to Share the Gospel This Week*» (The Gospel Coalition, 25 de enero de 2016). Disponible en https://www.tgc.org/article/3-ways-to-share-the-gospel-this-week.

21 John Stott, *The Message of 1 and 2 Thessalonians* (IVP Academic, 1994), pág. 45. También puedes encontrar esta cita, y más interacción con el pasaje, en Matt Smethurst, *1–2 Thessalonians: A 12-Week Study*, Knowing the Bible (Crossway, 2017), pág. 22.

22 Para una mirada positiva a la evangelización «de contacto», ver capítulo 5.

23 C. S. Lewis, *El peso de la gloria* (Madrid, España: Ediciones Rialp, 2017), pág. 24.

24 Así es como la obra de J. B. Phillips, *New Testament in Modern English,* traduce el versículo.

25 El artista cristiano de *hip-hop* Shai Linne empieza su canción «*Taste and See*» [Prueba y ve] con una pregunta simple: «El mundo no es sutil; ¿por qué nosotros deberíamos ser subliminales?». Tomado de su álbum *The Attributes of God* (2011).

26 Agradezco a Timothy Keller por esta expresión: https://twitter.com/timkellernyc/status/394842579491360769.

27 David Augsburger, *Caring Enough to Hear and Be Heard* (Baker, 1982), pág. 12.

28 Puedes ver los comentarios de Jillette en https://www.youtube.com/watch?v=6md638smQd8.

## ENFRENTA TU MIEDO

29  Esta idea de un monólogo interno santificado tiene un abundante precedente bíblico. Por ejemplo, el salmista escribe: «¿Por qué te desesperas, alma mía, y por qué te turbas dentro de mí? Espera en Dios, pues he de alabarlo otra vez. [...] la salvación de mi ser, y mi Dios» (Sal. 42:5, 11). Reflexionando sobre este pasaje, Martyn Lloyd-Jones comienza su libro *Spiritual Depression* con una observación: «¿Alguna vez te diste cuenta de que la mayor parte de tu infelicidad en la vida se debe a que te estás escuchando a ti mismo en lugar de hablarte a ti mismo?». Ver D. Martyn Lloyd-Jones, *Spiritual Depression: Its Causes and Cure* (Eerdmans, 1965), págs. 20-21.

30  Mack Stiles, *La evangelización: Cómo toda la iglesia habla de Jesús* (Washington, DC: 9Marks, 2015), pág. 54. También apunta algo importante: «En una cultura de evangelización, existe el entendimiento de que todos están implicados. ¿Alguna vez has escuchado a alguien decir, «la evangelización no es mi don» como si eso fuese una excusa para no compartir su fe? Este entendimiento de la evangelización es inmaduro. Todos los cristianos son llamados a compartir su fe, como un acto de fidelidad, no como un don» (pág. 54).

31  Para una hermosa historia de evangelización «en enjambre» o «multitudinaria», ver Jamie Dunlop, «*The Power of Mob Evangelism*» (The Gospel Coalition, 26 de octubre de 2015). Disponible en https://www.tgc.org/article/power-mob-evangelism. Ver también Mark Mittelberg, *Contagious Faith: Discover Your*

*Natural Style for Sharing Jesus with Others* (Zondervan, 2021).

32  Dos versículos de Jeremías han galvanizado mi fe temblorosa a través de los años. El primero es Jeremías 1:12, donde Dios declara: «Yo velo sobre Mi palabra para cumplirla». Comunicar Su verdad es nuestra tarea, pero realizarla (hacer que traiga algo como consecuencia) es tarea de Él. ¡Qué liberador! De manera similar, en Jeremías 23:29, leemos: «"¿No es Mi palabra como fuego", declara el SEÑOR, "y como martillo que despedaza la roca?"». No pases por alto lo más importante: Dios está garantizando que Su Palabra, fielmente proclamada, puede derretir y partir el corazón más duro. ¿Nos atreveremos a esforzarnos y a orar por menos que esto? (El crédito por la imagen del cementerio espiritual es para Mark Dever, «*How to Survive a Cultural Crisis*» (The Gospel Coalition, 27 de mayo de 2013).
Disponible en https://www.tgc.org/article/how-to-survive-a-cultural-crisis/.

33  Porciones de este capítulo están adaptadas de Matt Smethurst, «*What Are We Afraid of?*» (*Tabletalk*, enero de 2018). Disponible en https://tabletalkmagazine.com/article/2018/01/what-are-we-afraid-of.

34  Rebecca McLaughlin, D. A. Carson y yo hablamos de los temores relacionados con la evangelización, y la forma de superarlos, en una breve conversación por video titulada: «*Help! I'm Not Ready to Share My Faith*» (The Gospel Coalition, 5 de marzo de 2019). Disponible en https://www.tgc.org/podcasts/tgc-podcast/help-im-notready-share-faith.

## EMPIEZA A HABLAR

35  Mack Stiles, en conversación personal.

36  H. B. Charles, Jr., *It Happens After Prayer: Biblical Motivation for Believing Prayer* (Moody, 2013), pág. 16.

37  La apatía en la evangelización, advierte John Stott, surge de descuidar la propia vida interior: «Nada cierra la boca, sella los labios y traba la lengua como la pobreza secreta de nuestra propia experiencia espiritual. No damos testimonio por la simple razón de que no tenemos testimonio para dar [...]. Si el Pan de vida evidentemente no nos ha satisfecho, ¿por qué deberían los incrédulos suponer que los satisfará a ellos?». Ver John Stott, *Evangelism: Why and How* (InterVarsity, 1962), pág. 29.

38  Megan Hill, *A Place to Belong: Learning to Love the Local Church* (Crossway, 2020), pág. 114.

39  Encontré por primera vez esta idea en Andrew Wilson, «*Tim Keller's Invitation to the Skeptical*» (The Gospel Coalition, 21 de septiembre de 2016). Disponible en https://www.tgc.org/reviews/making-sense-of-god.

40  Agradezco a John Starke por esta imagen conmovedora.

41  Stiles se hace eco de la famosa ocurrencia de G. K. Chesterton. Ver Mack Stiles, *La evangelización: Cómo toda la iglesia habla de Jesús* (Crossway, 2014), pág. 54.

42  Esta historia se relata al principio del capítulo 6 en la obra de Jonathan Leeman, *WordCentered Church: How Scripture Brings Life and Growth to God's People* (Moody, 2017), pág. 109.

43 Kate B. Wilkinson, «*May the Mind of Christ, My Savior*» (1925).

44 Ver las reflexiones de J. C. Ryle sobre Lucas 15:1-10 en *Expository Thoughts on Luke, vol. 1* (1856; reimp. por Banner of Truth, 1986).

45 Agradezco a Bill Bright, fundador de Cruzada Estudiantil para Cristo (ahora Cru), por esta expresión.

# CONCLUSIÓN
# LA MOTIVACIÓN MÁS ALTA

46 John Stott, *The Message of Romans*, The Bible Speaks Today (IVP Academic, 1994), pág. 53.

47 John Piper, *¡Alégrense las naciones! La supremacía de Dios en las misiones* (Barcelona, España: Editorial Clie, 2007), pág. 27.